能量清理

MODERN GUIDE TO ENERGY CLEARING

芭芭拉·摩爾
Barbara Moore

U0072663

楓 樹 林

獻給我的妹妹蜜雪兒帕拉佐洛
是她叫我寫的

目錄

推薦序

李嘉
Youtube 訂閱．好李嘉在

很開心第一次寫推薦序就遇上表達方式與我如此有共鳴的作者。一直以來，我秉持的分享關鍵是：在傳達靈性知識給身旁剛接觸的朋友時，要運用簡單易懂卻清晰完整的方式，讓他們在學習的過程裡不會因過於艱澀難懂而退縮。本書對於任何一位想了解能量的初學者來說，絕對是非常合適的魔法入門書。

在閱讀的過程裡，除了對能量、頻率等諸多用詞能有更近一步的清晰了解，我們還能隨著作者的節奏，學習清理、培養、儲存能量的實際操作方式，並以此來幫助我們，逐步達到萬物合一的能量和諧狀態。我相信只要人們願意學習並實踐，要完成此生的靈魂目的，絕對比預想的還容易。

書中分享了許多利用大自然物質元素，來清理被認定為「無形」能量的方法，例如：樹木、水、火等。我想這些應用對那些剛接觸能量的朋友，尤其是不了解大自然元素跟能量間有什麼關係，且對這層關係缺乏信任的人們，會是非常棒的學習過程。在過往，尚未了解能量的我，對於使用這些物質層面的事物去影響無形的能量，抱持很大的懷疑。我會提出：「燒聖木真的有用嗎？」「洗手就能淨化？」「怎麼可能觀想白光來清理就能對生活有改善？」等這些可愛的疑問。

所以我認為書中作者多次提及「其下如其上；其上如其下」（as above, so below:as below, so above）的概念，可以幫助許多與過往的我一樣，在認識世界的運作模式上，還需要更豐富理解人與生命萬物間神奇能量連結的朋友們。我希望任何心中持有懷疑的人，請務必要親身去嘗試，感受看看不同的清理技巧，因為信任將從經驗中升起。人們只要願意練習的話，對於能量的感知與理解，必然能獲得很大的進展！

這就像與其閱讀一顆蘋果的相關資料，不如實際去吃一顆蘋果一樣。對於不理解的事物，就是親身去體驗與嘗試，自然會產生更深一層的明白與認識。而這本書，就像是給玩家們一本遊戲攻略，讓我們能夠在冒險的旅途中，被正確的智慧與資訊引領，以更自在的方式探索生命。

作者以非常中立的表達方式，傳遞了很多實際上能幫助我們改善生活的正確價值觀。而裡面有諸多理念，都與我個人頻道分享的影片內容不謀而合地產生共鳴，我想這也是在能量上，會與作者的書互相吸引且相遇的原因吧（笑）。

我喜歡分享一些資訊，讓人們可以清楚了解到自己的生活正被什麼事物給困擾著，因為我深信所有的問題大多出自於缺乏完整的了解。所以看見作者以相當中立的方式分享關於「意念體」的概念時，我雀躍萬分。這也是我一直在協助人們理解的重要概念，若想脫離被不適當能量糾纏的狀態，需要先改變你的意念。

意念體是吸收了不適當能量，並以思想方式停留在我們身上的存在，即是我們常說的「使人陷入負面狀態」的主要原因。這邊的負面不帶有二元對立的意味，單純只是表達其不合適的負面性，就像說這是令人反胃的食物一樣，單純指與我們的存在本質狀態不和諧的能量。

我想如果人們能更加了解造成自己能量堵塞、生活不順的原因，並落實照顧好自己能量場的方法，把能量清理融入生活的一部分，那麼這個世界必然能夠創造出更多愛與美好的生命狀態。抱持著這份願意學習的態度，帶上這本引領我們走向和諧能量的好書，一同快樂地創造生命吧！

祝　好。

身心靈 youtuber
一致推薦

◎作者就像溫柔內在的聲音，引導讀者踏入靈性世界的觀點，對於想要改變現況卻不知從何下手的人，是一本相對容易好理解的入門書，更棒的是，此書提供了非常多種方式，讓讀者能夠嘗試摸索找到對自己最有感的方式。

——**NO FAN NO FUN 扇子**

◎當我們無意識地沉浸在快節奏和無限納取的生活中時，學會能量清理是非常重要的。它會讓你從迷失中重新找到方向。

——**Evonne Chen 極簡與人生**

◎言語簡潔清新，而且覆蓋的範圍廣闊全面，會特別適合想要快速入門體驗淨化身心靈好處的現代人！

——**小榕樹 Vata Vriksha**

序言

出版社請我寫能量清理的書時，我的第一個反應是：「可是那不是我的專業領域，我懂的還不夠多，沒辦法寫成一本書。」第一反應有時候是會騙人的。有時候那只是根據已知的經驗做出的反應（又稱為直覺）。但其實更多時候，那只是由根深蒂固的行為模式所形塑而成的反應，不一定有事實根據。克服了面對新挑戰的恐懼之後，我才有機會靜下來仔細思考。

我後來發現，甚至在我對各種新時代（New Age）想法有更廣泛理解之前，我就幾乎都是有意識地在能量領域工作。我要分享的或許不是我初次刻意接觸能量清理的故事，但確實是我最初的一些記憶。我對現代魔法還一無所知且毫無經驗的時候，就創造了儀式，成功幫助我的姊妹賣房，以及幫助朋友的老公找工作。這兩個儀式都很有效且簡單，是我以自己覺得合理的方式，運用大多數中產郊區家庭都能找到的東西所設計出的。我的理解和練習一開始進展得很緩慢，後來在我發現了新時代素材後就變得比較快速。我現階段累積的知識達到巔峰時，過沒幾個月就收到了本書的邀約。

二〇一六年四月，我在紐約的年度塔羅牌會議（Readers Studio）中擔任主要演講者。塔羅牌是我獲得認可的專業領域。從一九八〇年代後期開始，我出了許多著作、設計牌卡、讀牌、在世界各地的會議上演講，我不只親自授課，也透過為期一年的遠端課程教課。

對我來說，塔羅牌遠不只是占卜工具。它是神聖的文本，包含著比窺視未來更重要的內容。在牌卡中，我找到了心靈智慧和實用教誨。塔羅牌成了我看世界的鏡頭。不過塔羅牌要如何應用到能量工作呢？兩者是有直接關聯的。不過別擔心，我說完接下來的故事之後，就不會再提到塔羅牌了。

大多數想學習塔羅牌的人都會將重點放在牌卡代表的含義上，這固然重要，但很多人在嘗試讀牌時會覺得很沮喪。通常來說，只專注在牌卡含義的讀牌，在最好的情況下，意思會互不連貫，在最壞的情況下，會讓聽者覺得毫無頭緒。是這樣的，牌卡之間的空間才是真正的魔法發生的地方。每張牌卡都有特定的能量。如果只觀察個別牌卡的能量，是不會有什麼神奇的事發生的。只有當牌卡之間互動時，它們才會變得栩栩如生。讀牌時觀察牌卡彼此之間的關係，才能更容易地看出來龍去脈。

全盤評估之後，我們就能使用牌卡來決定要給出什麼樣的建議。這時可以納入代表問事者可採用做法的其他牌卡，來分析可能的結果。如果結果不符合問事者的期待，那麼就可以嘗試其他的牌卡，找出適合運用的能量來達到所需的（或最佳的）結果。多年來，我留意著卡片的能量如何相互影響，因此增強了我在日常生活中對於能量運作的理解。不過這並不是二〇一六年那次演講的內容。

諷刺的是，當時那兩個半小時工作坊的重點並不是如何讀牌或分享新技巧，而是內部和外部空間的清理，好讓我們成為更好的人，進而成為更好的讀牌者。這種思維成為我看待世界和生活的一種方式，但很有趣的是，我當時根本沒有意識到我確實對能量工作有所了解且有經驗。

能期待什麼

我對能量的理解是透過日常經驗慢慢發展出來的。我沒有學過複雜深奧的系統，也沒有上過有註冊商標或認證的能量學校或老師的培訓。如果你受過那樣的培訓，並且深受感動，那也完全沒問題。但如果你正在讀這本書，我覺得你應該和我一樣，比較喜歡發自內在的個人經驗和親密關係，而不是有樣學樣。

如果你正在尋找一種了解能量的清楚方法，尋找可以幫助你生活得更自由的方式，並希望讓自己變得更好，改善你的周遭環境甚至更大的世界，那麼這本書就很適合你。事實上，精通能量管理最主要的目標是：不受任何會束縛你自由意志，並導致你違背理念行事的事物阻礙。

本書的概念會盡可能以中立的語言書寫，內容涵蓋的範圍很廣泛，應該足以符合你的個人信念，這點**非常重要**，因為我不是要宣揚特定做法，要你非做哪些事情不可。相反地，我提供的是概略的想法、概念和做法，可以互相混合運用及調整，以反映出你真實的理念。最有智慧的老師不會要求你一味地接受他們的教導，而是會引導你邁向自己心智的門檻。我不是在誇自己很聰明，但我確實相信好的老師不會要你照本宣科，而是

除了了解能量的本質，我還會談能量清理和能量培養，這兩者是緊密相連的。清除掉不要的能量之後，當然就是要引入（並培養）所需的能量。解決了緊迫的問題後，我們就能在自己和周遭環境中創造健康的空間。透過良好的能量健康練習，我們就能創造出能抵抗不適當能量且易於維護的空間。就像我們不會刷了一次牙就覺得這輩子都不必再刷牙一樣，養成能夠維持健康和活力的習慣，精神能量才能茁壯活躍。不僅個人能量是如此，周圍環境的能量也是一樣。

我們將自己的能量照顧好，狀態就會更穩定，而且也能夠照顧到周圍的能量。清理並儲存基本的能量後，就能開始培養內在和周遭環境的能量，以支持自己想要的生活品質或目標，例如保護、充裕、友善或創造力。我們照顧自己，是為了變得更強大、更自由，並且能夠在這個世界上活出我們的靈魂目的。簡而言之，照顧好自己的能量，就能活出真正的自己並成為我們想成為的人。如果我們想成為能夠療癒和關心這個世界以及他人的人，那就更好了。

你的練習，而非我的系統

我建議的方法不是循序漸進的系統，應該說是樣本或配方。每個人都是獨一無二的個體，而且遇到的情況是如此複雜，所以認為有一體適用的方法是很不切實際的。因為每天都有新的能量和挑戰，所以認為每天做完全相同的事情就足夠，也是不切實際的想法。更加靈活且量身打造的方法會增加成功的機率。你不僅更有可能進行適合自己生活方式的練習，而且更能把重點放在符合每天都可能改變的需求上。

你會注意到，影響我對能量工作觀念的大師有著各式各樣的背景，循著各種靈修之道。很多學問都是可以互通的。幾十年前，我在學習編織時，無與倫比的伊麗莎白・齊默爾曼（Elizabeth Zimmerman）塑造了我的方法。齊默爾曼是一位多產的作家和受人尊敬的老師，她很少提供正規的圖案並精確地寫明要用哪種針法、要縫幾針，而是只教導基本原理，並示範如何應用原理來精確創造出你想要的成果。她讓學生自己實驗，最重要的是，她讓學生相信自己。她會說：「我故意把編織筆記寫得不清不楚，因為每個人的品味各不相同，而你的大腦不比我差。」[1] 這是事實。你的大腦跟我的一樣**好**。關於能量，我或許讀得比你多、練習得比你久，並花了更多時間探索能量健康的基本概念，在本書中，我會分享我所知道的一切。閱讀完之後，你唯一欠缺的或許就是經驗了。只要運用你完美的大腦、常識以及對自己和生活的了解，就能結合這些原則來實現自己的目標。我會根據自身經驗分享一些想法和建議，讓你開始步上這趟旅程，成為那個生來就自由與美好的人。

能量清理和培養既不困難也不複雜。你不必遵循任何特定的傳統、信仰或宗教。第一部分將建立你的基礎理解，包括使用淺顯易懂的語言來創造一個大家都能理解的詞彙表，這樣在談論能量的本質時會更加輕鬆。我們還會更詳細地討論能量工作的目的。釐清詞彙和目的能幫助我們對於即將要做的事情以及做法有更實際的期望。

最重要的部分會是你的個人清理，這將在第二部分中介紹。個人清理包括創造一個技巧工具包，讓你根據需求，在不同的情況下使用這些技巧來清除自己內在長期存在的能量障礙，並發展出能夠維持能量的方法。你可以嘗試我所介紹的技巧，並在日誌中記錄練習的情況，以及量身打造出更適合你自己的方法。為自己嘗試了一些技巧之後，我會幫助你一步步地開發出對你和目前生活都有效的練習。你不需要完全改變你的生活，也不需要購買任何特殊物品。這些想法會潛移默化成為生活中的一部分，就像洗臉或穿鞋一樣自然。

第三部分將超越自我，進入更廣闊的世界。你覺得神清氣爽並獲得內心的平靜之後，我們就要向外移動，了解空間和地方的能量以及你可以怎麼影響家庭、工作場合、汽車之類的能量。最後，你將學會一些簡單的練習，讓你一次用一個小行動來改變世界。如前所述，這本書是指南，而不是教條。如果你能一邊閱讀，一邊記錄在日誌裡（當然也別忘了書寫用具），那會有更多收穫。書中會有供你嘗試的練習以及清單、反省和一般日誌紀錄的建議。本書加上日誌就能幫助你創造出專屬於自己的能量練習。

1 伊麗莎白•齊默爾，《固執己見的編織者》（The Opinionated Knitter，Pittsville, WI: Schoolhouse Press，二〇〇五年出版），31。

PART 1

第一部分

心靈和能量的健康

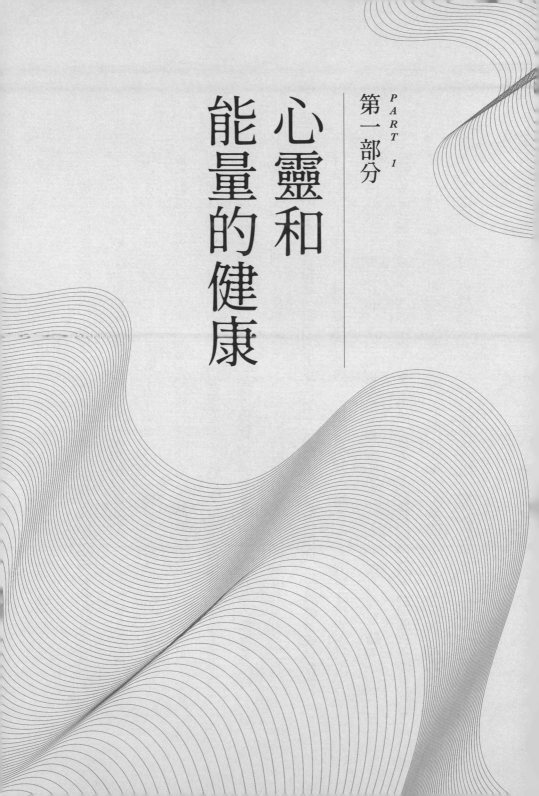

清除和培養能量是讓你的房子、辦公室甚至車內空間感覺美好且安全的好方法。你可以使用這些點子來幫助你維持自己的身體、理智和情感健康。良好的能量管理可以創造出更平衡、平靜的生活，但是能量工作遠不止於此。事實上，持續不斷的能量清理和培養對於活出靈魂目的來說至關重要，而且這是非常令人興奮的事。

靈魂目的是一個很強大但經常被誤解的概念。我們常以為那就像是一個備受讚揚的職業指導顧問，會告訴你該做什麼工作，彷彿我們的靈魂來到世上，只為了獲得某個特定職位一樣。我們會這樣想也是其來有自，因為現在的社會文化就很清楚表明了我們等於我們的職業。真相是，我們的工作可以成為表達靈魂目的**一部分**，但靈魂目的是我們行事的方式和原因，而非**做什麼**工作。我再講更複雜一點好了，你的靈魂目的不只是一個詞彙或句子，而是你和神之間持續不斷的舞蹈，一來一往，並非有限的。隨著每一個舞步，我們都會有所改變，因此靈魂目的（或者至少是我們對它的理解）就會不斷發展。我們活得越久，靈魂目的就會越來越明顯。如果要用最簡單的方式來描述，那就是你的靈魂目的集結了你最重視的理想——你願意付出一切實踐的理想。

但是又有誰能每分每秒都完全實現自己的理想？我就沒有。這意味著靈魂目的是我們在世界上表達出來的東西，也是能引導我們度過黑暗、混亂的時期，並在更輕鬆、清晰的時候堅定我們腳步的北極星。我聽過一則趣事：飛機有九成的時間都偏離航線。機長總是得糾正路線，並學會根據不斷變化的情況做出調整。[2] 有時候，我覺得生活也是如此，好像自己正朝著正確的方向，但又好像沒有。遇到那樣的情況時，我發現把重點放在自己和周圍的能量來糾正路線很重要。這是有著健康能量的另一個好處。你的能量越強健，在你偏離軌道的時候就越容易意識到。

將能量工作、活出靈魂目的以及過著平凡生活當成持續不斷的糾正路線其實是一種解脫。你只要知道重點是旅程，我們並不需要，甚至沒必要「到達」目的地，這樣想就能減輕壓力。我們不只能夠犯錯，這還是理所當然的。尤其是在能量工作方面，錯誤是寶貴的教訓。我們無法以任何科學方式量化、衡量和定義能量工作，所以必須仰賴經驗。因此，能量工作不需要徹底改變生活方式。

事實上，你現在應該要發展可持續實踐的練習，但完全改變生活反而會大大分散你的注意力。舉例來說，雖然現在非常流行的極簡主義源自能量工作的概念，但是一些極簡主義的做法對大多數人來說都太極端，以至於難以實踐。我很少有時間打掃抽屜或衣櫥，我和家人也不太可能有時間辦打包派對。打包派對就是好像你一天之內得搬家一樣，請人幫你把房子內的東西（甚至是日常必需品）全部打包起來，你之後再根據需要來拆開行李。三個星期後，沒有拿出來的東西就全都要丟掉、捐贈或出售。對某些人來說，這是一種完美的方法，但對其他人來說，可能在還沒開始前就感到挫敗了。因此我的能量清理和培養練習會讓你在不改變目前生活的情況下，以一次做出一個好決定來執行。

為了做出正確的決定、適當的路線糾正，並活出靈魂目的，你就必須要有清晰的能量。想一想你有什麼理想。別用想的，寫下來好了。你覺得最重要的信念是什麼？你遇到重重困難時，哪一種理想可以幫助你決定要做什麼？你覺得重要的是什麼？這些東西就是你靈魂目的的本質。列出清單後，回憶一下過去二十四小時。你的哪些行為、行動、言語、情感和思想反映了你的理想？哪一些沒有？如果你跟我一樣，那麼有些事情確實反映了你的價值觀，有些則沒有。

極簡主義者約書亞・菲爾茲・米爾伯恩（Joshua Fields Millburn）經常在播客中說，如果你把自己的預算和行事曆拿給他看，他就可以說出你的價值觀是什麼。[3] 他的說法有點爭議，因為對大多數人來說，預算和行事曆並不能反映我們真實的價值觀，而是反映我們**認為**自己應該重視的東西。他這麼說，只是想讓我們去認真思考自己分配時間和金錢的方式。如果我們具有自由意志，而且有能力做出有意識的決定，那為什麼會做出違背價值觀的時間、金錢和行為決定，而不是去體現出價值觀？這是一個好問題。事實上，**真正的**問題應該是：「為什麼我的行為與我的信念和理想不符？」

有人會回答：「哎呀，我只是凡人嘛。」這行得通，但也是種逃避責任的說法。沒有人喜歡思考自己的缺點，除非他們喜歡因此陷入自責的情緒。然而，這些錯誤或失敗的時刻其實是路標，能指引我們找到需要關注的能量問題。為了活出靈魂目的，並在日常生活中實踐價值觀，我們需要擺脫能量的不和諧；因此，我們必須找出偏離價值觀的地方，以及導致理想與行動有所差異的原因並加以解決。然後我們就能更輕鬆地成為真正想成為的人。不這麼做的話，另一種選擇就是被控制，變成只能對日常發生的事情做出反應，而不是以有意識且有意義的方式生活。

接下來的兩章要探索能量清理的基礎。首先，我們將建立一個大家都有共識的詞彙表，之後會討論能量健康的基礎知識。

心靈和能量的健康和幸福遠不只是揮一揮燃燒的鼠尾草或插入鹽燈而已（儘管這些東西確實有用）。重點是要了解自己的價值並保持自由的態度，才能以美麗而獨特的方式來實現這些價值。這個世界迫切需要的藥物就在你身上。因此，撿起那把鼠尾草，我們趕快開始讓你活出精采人生、支持他人並療癒世界。

2 《FAA-H8083B 飛航手冊》（俄克拉荷馬市：美國運輸部，二〇一六年出版），第6－2頁。

3 約書亞・菲爾茲・米爾伯恩，播客節目《極簡主義者》（The Minimalists Podcast）http://www.theminimalists.com/podcast/

CHAPTER 1
名詞定義

開始踏上能量清理和培養的旅程時，如果能對主要名詞有基本的理解，那會很有幫助。這些術語將出現在接下來的討論當中。我們將在本章解釋能量、振動、運動等名詞的含義。但在深入研究這些細節之前，我們先退後一步看看大局。要討論難以捉摸的主題並以可量化的確定程度來定義，最好的方法就是以宏觀的角度來看待。

約瑟夫・坎貝爾（Joseph Campbell）研究過不同文化和時代的神話。他注意到無論在哪裡、在哪個時代，神話的主角和劇情都有許多共同的特質，雖然在細節上稍有不同，但還是有重複的模式，彷彿人類靈魂的創造力都經歷並尋求相似的里程碑。同樣地，大多數人都熟悉原型的概念：集體共享具有相同的基礎，但可以用個別細節來表達的無意識思想、圖像和思考模式。不管是神話、宗教、原型圖像或符號，如果只把重點放在細節差異，而不是共享的大局，就只會深化分裂和加深爭論，而不是促進彼此的了解。以較大規模來看待我們共享的世界，能讓人有更具包容性的態度，讓討論變得更加容易，因為我們把重點放在大家有共識的事情上，而不是爭論著詞彙的語義。

討論抽象的能量或許很有挑戰性，因為我們缺乏能夠準確測量、分離和識別抽象能量的方法，而且經常得依靠信念和個人經驗來形成我們的理解。很多對能量工作感興趣的人來自許多不同的心靈、宗教和思想傳統（或上述領域的結合），有些人甚至完全沒有遵循任何心靈道路。就如約瑟夫・坎貝爾和他的神話故事，卡爾・榮格（Carl Jung）和他的原型，每個人、每條路和傳統都有各自的詞彙來理解和討論能量，所以我們將深究各式各樣的詞彙，並找到共同的理解。

我在本書所寫的資訊和思想並沒有根據任何一種傳統或方法。但是如果我們每次提到一個新概念，就用不同的特定詞彙，那很快就會讓人覺得很麻煩。因此，為了便於書寫（和閱讀！），我們將使用廣泛、可理解、可接受且（我衷心希望）不會冒犯人的詞彙。如果我描述的概念與你熟悉的某個詞彙有相同含意，只是用字不同，那你在閱讀時只需要在腦中替換掉該詞彙即可。

我們會討論五個名詞。詞彙的解釋比一般的詞條還要長是因為從一開始就解釋清楚很重要。首先，我們要定義**能量**是什麼。**振動**和**運動**這兩個名詞要探索的是能量的兩個特色。能量無所不在，但是在一開始要把重點放在自己身上，所以我們會快速地概述**能量體**的基本組成。最後，我們將討論能量工作的目標：**能量和諧**。

能量

在這本書中，我們探索的是抽象的能量，有時會用氣、生命能量（prana）、靈或本質之類的詞彙來表達。實體世界中的某些能量可以透過科學手段來觀看或測量，但這不是我們談論抽象能量時所指的能量類型。抽象的能量是無法透過西方科學的手段觀看、測量或識別的。這並不表示它就不是真的。經驗告訴我們能量確實是真實的。

大多數人都有這種經驗：你在走進房間或見到他人時，會立刻受到吸引，並且有開心的感覺，也有些時候，會有令人反感或更糟的感受。我們可能會說那個地方的氣場不好、某個人很有魅力，或者發現某個人的存在會讓人變得平靜、某個地方或情況讓人感到不安。如果你有過類似的經驗，那你就是察覺到了抽象能量的存在。也許只有在很極端的情況下你才會注意到，這是完全正常的。透過練習、經驗和意念，你可以建立出辨識和管理能量的能力。

即使我們有時候用負能量或不好的氣場來形容自己的感覺，但其實能量並沒有好壞、正負之分。那或許只是不適當或停滯的能量，所以讓人**感覺**難受或負面。明白這一點很重要，因為如果你覺得或許到處都有不好的氣場，或者認為我們可能會受負能量所苦，那就會形成恐懼的環境。恐懼可能使我們毫無動力，造成停滯，也可能會害我們遷怒他人，導致對能量的不適當使用，這兩種情況都會讓不健康的循環持續下去。

我們的文化一直相信有負能量這種東西，因此在遇到不適當或停滯的能量時，我們會試圖脫離那樣的能量或是摧毀它。那些方法或許能給你帶來暫時的緩解或安全感，但都不是長久之計。我們無法將自己與我們認為是負能量的事物區隔開來，因為存在世上的一切其實都是相互連結的，我們都是一體。透過了解能量清理和培養，我們就能學會轉變停滯或不合適的能量。

將能量標記為負的還有另一個缺點。那就是對那樣的能量一概而論，做出心理批判（與「洞察力」不同）。就像大多數的心理批判，那是很懶惰的思維。心理批判的相反就是好奇心。當我們對「負」能量之類的概念感到好奇時，就有機會更深入研究那是什麼樣的狀況。我們能學會評估、識別和理解正在發生的事情，以便我們可以採取有效的步驟來重新建立和諧，而不是變得毫無動力或遷怒他人。

無論我們是否有意識地使用能量，它都會在身體流進、流出。如果不好好照顧它，那麼能量流就會在周圍徘徊，我們就得花時間對它做出反應。就像那些對時間管理沒有嚴格紀律並且總是處於「救火」模式的人一樣。他們還是可以有很高的工作效率，但經常會感到很有壓力，也許無法有最好的表現。我們刻意進行能量工作，不僅能對自己有更多的控制權，也能控制要允許哪些能量流回到世界中。我們可以將停滯或不適當的能量放回大地，讓它被清除或重新分配到更適合那種能量存在的地方，或者也能自己轉化能量，並將它釋放到我們的生活和世界中。

振動

當我們說某個地方或某人的氣場很差時，指的就是不好的振動。同樣地，根據過去的經驗，我們知道能量會振動。當能量的振動因為停滯而不對勁時，我們會說那是不好的。能量的振動或許不對勁，但那並不表示能量就不好，只是代表能量必須經過管理。透過行動甚至思想，我們就能改變能量的振動，使它恢復和諧。

能量可能會以比較低或較高的頻率振動。較低的振動不一定是壞事，實際上，它與最深層、最扎根的地球能量有關，有時這可能是最適合當下情況的能量。較高的振動並不總是好事。如果振動對於當下的情況來說太高了，那就會產生焦慮和壓力。好好管理能量需要細微且細緻的理解；事情並不總是非黑即白。

運動

停滯的能量是最容易辨識出的能量類型，可能是因為停滯的能量非常普遍，也會讓人覺得很不舒服。能量本來就是該流動的。但是我們受的教育是要思考如何獲取、收集、囤積和節省有形資源（例如金錢、食物和財產）。即使這是對於實體世界的思維，卻也成為我們對能量理解的一部分。

在某些傳統中，有一個名為「對應原理」（principle of correspondence）的概念，通常用「其下如其上；其上如其下」（as above, so below; as below, so above）這句話來表達。意思是，當某事物在一個存在層面（plane of existence）上發生時，它也在另一個存在層面上發生，例如情緒創傷（情緒層面）可能導致疾病（身體層面）。當我們在實體世界中練習獲取和囤積時，就會在能量體中培養相同的能量，因而產生並吸引停滯的能量。

很酷的是，除了有些極端狀況以外，要釋放停滯能量很容易，而且通常非常有趣和令人滿足。一旦習慣在能量流動的狀態下生活，你就不會想回到停滯狀態了。

它有一定的控制權，或者至少對它有所了解。

我們的文化喜歡對事物命名、分類和區隔，對於了解世界來說，這絕對是有用的做法。缺點是這種方法會創造出分離的迷思。根據這個迷思（有人稱為「分離的謊言」），我們與萬物都是分離的——人與人之間彼此分離、身體的各個部分也彼此分離。

當我們用理性或感性的方式思考時，可能會容易高估一個人而貶低另一個人。在文化上來說，則是高估邏輯並貶低直覺。對於我們這些離開主流文化去追求其他了解世界的方式的人來說，很自然地會偏向另一邊，把直覺看得比理性重要。這兩種方法都會將人性不可或缺的方面置於陰影之中，任何在陰影中的事物都會盡其所能表現自己，因此常會帶來破壞性的結果。

二〇一六年《牛津英語詞典》的年度詞彙是很合適的例子：後真相（post-truth）。後真相描述的是政治辯論著重於情感反應，而不是著重於政策和事實的一種文化。大家都知道，幾百年來，我們的文化已經剝奪了人類的情感和直覺方面，而偏重於理性的思考。這將人性的直覺和情感方面通通置於陰影中。任何被逼入陰影的事物都會變得扭曲、痛苦和不滿，就像被推到黑暗處，並被賦予惡名的人或物品一樣。因此，儘管從直覺或感性的角度來思考事情不一定是糟糕的事，但在我們集體的情感生活轉變為扭曲的事物時，問題就會變得非常棘手。但在現在的後真相社會中，我們的情感反應並非源自健康的情緒，而是受傷的情緒……而且從現況來看，無論你是感性還是理性都是如此。了解每個部分之間有什麼關聯，才能讓整體的自我變得更強大、健康，別讓任何東西有機會躲在陰影處，等著毀壞我們的生活。

能量體就像肉體，也具有邊界。能量體的邊界就像皮膚一樣是可以滲透的。我們可以控制滲透的程度，只吸收所需的能量。另外，我們的能量體很黏，能量很容易纏住我們。了解能量管理有助於我們了解周圍的各種能量，如此一來，那些對平衡與和諧無益的能量才不會滲透或污染我們。

能量和諧

能量和諧是能量清理和培養的目標。有些人（包括我自己）認為能量和諧的狀態應該是要有扎根的感覺、要內心平靜。但是**能量和諧**是一個更精確的詞，比**扎根和內心平靜**所描述的更適切、有彈性。其實**扎根和內心平靜**只是能量和諧的其中一個方面。和諧能啟發的想法充滿各種可能性，或許都會很適合當下的情況。對扎根和內心平靜的全面理解也包含同樣的適當性。但對於許多人來說，扎根有著很沉重的意涵。

還有一個會被人用來描述能量和諧的詞是平衡。以本質意義來講，平衡是個適切的好詞。但是，就像扎根和內心平靜，平衡的常見意義並沒有正確傳達出該詞的本質。很多人認為只要將事物的相等部分結合在一起就叫做平衡，例如確保生活中的工作時間和休閒時間相等。這樣嚴格的等式不適用於大自然或人類生活。大自然的各個季節適合的活動也不一樣。日常生活中難免有工作大於休息的時候，例如為大型活動做準備或是準備期末考。其他時候，例如養病或哀悼時，我們就需要更多的休息，而不是工作。透過經驗和特別留心，就能增進對健康平衡的了解。

能量和諧不是靜態的，而是恆定的流量，可以根據需要進行調整以適應周圍能量、意念或需求的變化。還有必須了解到最重要的一點就是反應與回應的差別，我們會一次又一次地回到這個概念。處於能量和諧的狀態就表示我們能夠**回應**周遭世界和內在需求，也能用體貼的方式對待他人，以冷靜的態度面對任何處境。我們能夠反省並做出有意識的選擇。與此相反的是對世界、對每一個想法和情緒，或對他人的行為和言語做出**反應**。反應跟膝蓋的反射動作有點像。發生了什麼事，我們立即做出反應。我們是受到控制的，而不是真正主動地做出選擇。

現在有很多人討論觸發（triggers）。觸發是一種反應，而不是回應。我們經歷過某些事，受到了創傷，所以現在對某些情況會有內嵌式的反應。這表示在這一方面，我們不再有自由意志做出有意識的選擇。有些觸發反應確實很嚴重、很痛苦，需要有專業的指導才能克服。如果你有這樣的經驗，（拜託！）我們鼓勵你尋求適當的協助。但如果你的觸發反應不是那樣，而是比較稀鬆平常的，那就絕對可以學習如何自己處理。你不再需要受到傷口的控制。你不再需要因過去的事件而反覆地遭受痛苦。你可以自由地對世界、自己和周圍的人做出明智的選擇。

了解關於能量、振動、運動、能量體和能量和諧的共通語言和定義之後，就可以更深入探究這些概念。可能已經有人告訴你：這世界不是繞著你轉的。這句話或許有時候是對的，但現在，你就是宇宙的中心，如果你的中心不健康，那周圍的事物也可能都不健康。讓自己達到和諧狀態以前，你就算努力想影響周遭世界，也會覺得綁手綁腳。那我們快來讓你達到和諧狀態吧！

CHAPTER 2

能量健康的基礎

大多數人會因為某些事情已經感覺不對，所以想找能量清理的資訊，希望能回歸正常。這當然是辦得到的，不過如果你缺乏時間、遇到嚴重的能量不平衡或消耗，而處於能量危機中，無法照顧自己的能量，那最好還是找專業的能量工作者來解決眼前的問題。就像很多人因為心臟病發嚇到，而把它稱為「警鐘」一樣，你可以利用這種經驗來激發自己去照顧能量健康。如此一來，你以後就能更好地應對危機。你甚至可能發現，透過有意識和熟練地培養環境中的能量，可以避免掉大多數的緊急情況。

更詳細解釋個人能量健康之前，我們還是一步一步來，先習慣其中的一些概念。我們會用第一章的概念往上疊加。能量體與肉體非常相似，因此兩者之間會有大量的比較，這有助於闡明抽象的概念。我們也會探討預防保健的重要性、能量和諧的關鍵以及萬物之間的關聯。

能量體的預防保健

處於能量和諧的狀態時，進行能量清理會更成功，能量培養也會更有效。有時候，人們去找了能量工作者之後會認為只要做完療程就夠了，覺得自己已經處在能量和諧的狀態——或許是如此，但是這大概只會持續一段時間而已。能量健康就像身體健康，是需要不斷留意的。在談論抽象能量時，使用**衛生**這個詞看似奇怪，但其實不然。事實上，像照顧身體一樣地關心能量體是很合理的，畢竟兩者很相似。良好的能量衛生就和刷牙、用牙線清潔牙齒、充足運動和睡眠，以及攝取健康的營養素一樣重要。身體照顧和能量健康之間有一些有趣的相似之處。舉例來說，刷牙能去除滯留在牙齒和牙齦之間的物質微粒。這些微粒和能量一樣，本身並不是邪惡的，但如果要有健康的口腔，那就不適合讓它們留在牙齒之間。

能量體要定期維護的不只有衛生方面。運動和睡眠是身體兩個相關但相反的狀態。睡眠和運動至關重要，不只對身體有好處，對心理和情緒健康也是。嚴格說來，運動可分為消耗能量的類型（例如有氧運動）和補充能量的類型（例如氣功）。我們有時候會使用或投射能量，有時候則會儲存或保留能量。營養素能幫身體替換細胞，並提供身體所需的燃料。無論是短期還是長期，我們吃進肚子裡的營養素類型都會影響身體的整體健康。能量培養也很類似；我們可以選擇要用什麼樣的能量來滋養能量體。

我們越了解自己的能量體需求，就能越容易理解需要什麼，以及需要消除什麼。人人都能了解自己的能量體，因為那就像肉體，我們也有相似的需求和獨特的需求。有些人需要睡得比別人更多；有些人因為擁有高振動的能量而感覺不和諧，其他人則會因此感到活力充沛。大多數人都有一些根深蒂固的能量習慣，這些習慣對我們並無益處，事實上可能還會加劇我們的行為與價值觀之間的差距。就像飛行時不斷進行航線校正一樣，不管你想完成什麼樣的能量工作，持續照顧都是很重要的基礎。

能量和諧的關鍵

「清理、能量消耗和能量營養」是實現能量和諧的三個關鍵。清理是要消除對我們無益的能量，這可能是使我們感到不適或使我們偏離理想的能量。能量消耗與我們在世界上表達、體現或釋放的能量有關。能量營養就像身體攝取的營養一樣，是我們有意識和無意識吸收的能量。以上三點並沒有哪一個比較重要，應該說，它們要相輔相成才能創造出大於各部分加總的健康整體。所有領域都合作無間時，才更能夠以冷靜、體貼的方式做出回應，將我們的價值觀表達給周圍的世界，傳送到我們內在的想法和感受，以及傳達給他人。我們的意志是受控的，自己做出想要的選擇，而不是被失控、不平衡的能量所操縱。

能量不明確時，就好像有個不該存在的東西卡在那裡。我再用肉體來比喻，就拿牙痛來說好了，不該有感染的地方發生感染，就會導致身體疼痛。你痛苦時，就很難以扎根、平靜的狀態做事情。透過幾個步驟來消除感染，身體就能痊癒，而且回應比反應更容易。同樣地，如果你有情緒障礙或有心理上可能造成破壞的重複糾結想法，你就會失去能量和諧。你將學習如何辨識並消除這些能量障礙，好讓你更加自由地過生活。

你消耗過多的體力而且沒有睡覺時，也很容易受到環境的控制。如果沒有充足的睡眠，遇到平常不覺得怎樣的事情，也可能會心煩意亂，甚至發脾氣。如果你耗費掉能量卻不補充，那麼你對自己的控制就會減少。舉例來說，生活在危險的環境中，無時無刻都必須保持警覺，會令人筋疲力盡。如果不補充能量，那麼你就無法照自己的期望表現，也無法達到最佳狀態。

最後，如果你攝取了不適當的能量，可能會感到不舒服，就像不吃水果、蔬菜、蛋白質和纖維，而是狂吃披薩和冰淇淋的感覺。有個故事跟這個概念很像。男孩告訴祖父，他的身體裡面有兩隻狼在對決，他不知道哪一隻會贏。祖父告訴他，他平常餵養的那一隻會贏。你有不同的能量，哪個會占主導地位？答案取決於你餵了什麼食物。能量工作很重要的一部分就是要了解所需的能量類型以及如何培養能量。

萬物都是相連的

除了清理、控制和培養能量以外，我們還必須照顧到能量體各方面的狀態：理智、情感和邊界區域。儘管有必要各別檢視，但也要記住，它們並不是孤立存在的，而是可以相互依賴、支持和合作的。某個方面失去平衡就會影響到所有方面。

理智體（mental energy body）會以思想和想法的形式吸收能量。如果你的理智體收集了一些不適當的能量，可能會讓你看不清真相或現實。你是否有過某個想法在腦海中不斷循環，但你就是無法停止重播？我知道我有。迅速處理這些想法很重要，因為它們可能會變成更大的問題。存在於理智體中糾結不去的思想或許會變成意念體（thoughtform）。意念體是那些已經發展到不受控制的想法。

你的想法不代表你這個人。你有想法，可以根據自己的意願接受或拋棄它們；你沒有義務順應每一個想法。基督教的牧師會問懺悔的人是否會「放任」邪惡的念頭在腦海中四竄。小時候，我總覺得那種「放任念頭」的概念很有意思，但是我現在知道這是需要好好了解的重要想法。腦中出現一個想法時，你可以放開它離開，也可以邀請它進來，讓它感到舒適自在，然後倒牛奶、拿餅乾給它吃。如果讓它停留得夠久，它可能會依附在你身上。

意念體不再是從你腦中掃過的念頭，而是棲息在理智體內的實體。意念體會以剝奪自由意志並使得你得做出反應（而非回應）的方式來控制和影響你的理智體。還記得我說過能量並沒有好壞，但可能會不適合當下情況或是停滯不前嗎？那我們可能會想，意念體不好嗎？這是一個很難回答的問題，因為意念體不只是能量，它更像是你運用能量在理智體內創造的實體，通常是在不知不覺中產生的。創造意念體所用的能量並沒有好壞，但你塑造它的方式以及它現在在生活中所扮演的角色通常並不健康，而且無法促進能量和諧。

我們就來看一個例子，說明能量面齊心協力（或者不齊心協力）是什麼樣子。假設有一個意念體告訴你，你的伴侶在工作或做家事時，你在放鬆，那你就是個好吃懶做的懶鬼，你的伴侶肯定會嚴厲地批評你。有天晚上，你想坐在舒適的扶手椅上看書，但你的伴侶想清理衣櫃。他沒有要求你幫忙，也不介意你現在想看書，只是那個意念體偏偏就在你的耳邊狂吶喊。這會產生的一種結果是，你覺得煩躁，出現防衛心，覺得羞愧，所以無法放鬆，所以你決定去「幫助」你的伴侶，但是卻帶著那種煩躁、防衛心和羞愧的能量，因此你們相處這段時間，對方可能摸不著頭緒，不知道你到底在煩什麼，結果你們開始互看對方不順眼，甚至吵起架來。

你的情感體（emotional body）知道你的伴侶愛你，並且永遠不會覺得你有那麼糟糕，但是這個想法卻被忽略了，耗盡了能量，重新分配給飢腸轆轆的意念體。除此之外，意念體會在你的能量體邊界上產生破壞或撕裂，讓你更難控制要讓哪些東西進出。你不再以自由的意志選擇要讓哪種能量進入你的能量體，而是被強迫餵食能讓意念體蓬勃發展的能量。

萬物都是相連的。這一切好像是巨大工程，非常耗時。不用擔心。一開始需要投入比較多的時間。一旦你穩定了能量體後，就能輕易觀察到能量什麼時候失衡，並輕鬆解決問題。畢竟，刷牙或每月做一次乳房自我檢查既不困難，也不用耗費大量的時間。每天或每月做一點練習，就可以輕鬆且有效地保持能量和諧以及身體健康。這甚至能夠救你一命，以這麼小的投資來說，是相當可觀的回報。

微觀與宏觀

我們主要談了個人能量方面的能量健康與和諧。我們了解預防保健的重要性，這可以透過簡單的日常習慣來培養。我們知道透過能量清理、控制消耗和提供營養就能變得精力充沛。我們也談到身體的某一個方面失控時，就無法整體運作。我們還順帶了解意念體是能量衛生不佳的不幸後果。

還記得對應原則嗎？其下如其上；其上如其下。這也適用於空間和地方的能量和諧。一旦開始照顧自己，你就能夠利用這些概念來培養周圍的能量，甚至可以幫助他人。既然我們對能量工作的詞彙和一般原理有了共同的理解，那麼下一部分就要深入探討精彩的能量管理細節，準備發光吧！

PART 2

第二部分

自我照顧

在我們繼續探討之前，請確定你手邊有日誌或筆記本。嘗試這一部分所介紹的技巧時，請好好做筆記，你才能記住哪些對你有用，哪些沒有用。過程中，我會提出一些問題和練習，幫助你發展出屬於自己的能量練習。這些問題和練習會層層疊加，讓你知道創造充滿活力的和諧生活所要了解的知識。

為什麼自我照顧很重要

把自己照顧好的益處很多。我們就把重點放在其中兩個。一個是啟發我們內在的自信，以及活出靈魂目的。另一個是能夠承擔起我們對世界萬物和現實生活的責任。在第二部分中，我們將發展出能量管理技巧，並深入研究個人化的能量清理。

在自我照顧方面，我們人類很難找到平衡。當然，有時候為了應對危機或重要事件，我們必須暫時限制自我照顧的程度。但如果好好觀察日常習慣，大多數人可能會在自我忽略和自我放縱之間波動。也就是說，我們在照顧自己的身體和能量需求方面並沒有一致性，無視對於健康飲食、充足運動和良好睡眠的需求，更不用說在面對高壓時，我們對於能量體較無形的需求。接著只要壓力減輕、危機解除或事件結束後，我們就會用（在某種程度上）讓人感覺良好的活動來沉迷並自我安慰（有些人會說是自我治療），但實際上卻沒有用身體和內心最想要的養分來補足能量。

我們怎麼會進入這樣的循環其實很明顯。我們的文化絕對不是為了均衡、健康的生活方式而設計的。我好像很嚴厲地批評，我們的文化確實有一些問題，但是這個世界其實也有很多積極美好的事物，所以讓我們花點時間來慶祝感激的事情。把好的和壞的都一起丟掉並沒有好處。我們雖然享受著生活中許多美好的事物，但也能看出這個社會有一些讓人難以體驗幸福的部分。我們的社會鼓勵不斷忙碌才是值得崇拜的事，最忙的人才是最值得尊敬的人。我們不必討論太過忙碌會造成什麼樣的問題，因為相關文章大家不只讀過，而且還親身體驗過。我們知道忙碌就代表很少有時間或精力來自我照顧。接著我們被推往另一個方向，被告知辛苦的工作該有獎賞，值得好好享受、放縱一下、消除緊張，並用不須動腦的娛樂來放鬆。

我們的文化不鼓勵，也不支持身體或能量的和諧，這點並不會在一夕之間改變。我們可能夢想著一種讓人能更容易過上健康生活的理想文化，但還是得在現實中採取行動並做出決定。抱怨要騰出五分鐘的時間來消除煩躁心情，或者抱怨那些一邊開車一邊傳簡訊的白痴有多蠢是無濟於事的（事實上，這只會強化這些現實）。與其抱怨，不如讓自己的健康變成當務之急，儘管生活中會出現一些問題，但還是把重心放在能讓我們保持能量和諧的事情上。這樣一來，我們可能會發現，儘管大環境是如此，但我們至少能創造能夠支持能量和諧的生活。

你是否曾經注意到，當你認為自己**應該**想做某事或**應該**有什麼樣的行為時，很容易找到不能這麼做的原因？另一方面，當你**真的**想要一些東西時，就沒有事情可以阻撓你，你也會找到解決每個潛在問題的解決辦法。對我來說，最困難的步驟是下定決心渴望做一件事，讓它成為第一要務。如果我能完成這一步，那不管是什麼目標，我幾乎都能達成，我敢說你一定也是這樣。可惜的是，要怎麼將**應該**想要什麼切換為**真的**想要什麼的這個開關，對我來說還是一個謎。要是我們只要輕按一下開關就能轉換，那生活就會輕鬆得多。既然不能，那是不是表示我們非得受這些不可控制的開關支配？一點也不。雖然方法可能不比直接切換神奇開關還要快，但我們還是能一步步往那個開關前進。就像那個祖父告訴孫子的，這完全取決於你餵養的是哪隻狼。

為什麼照顧自己的能量和身體如此重要？原因也許有很多，但我們就來談談兩個非常重要的因素。首先，如果你不注意能量的健康，那你很可能不知道自己的能量中心、內在真我和界限在哪裡。不了解這些，就很難決定要採取什麼行動，要說什麼話以及平時生活要避免哪些事。

除非你能找到自我並管理自己的能量，否則根本無法用有意識的控制力來表現出最棒的你，按照自己的價值觀過生活，或是活出靈魂目的。假設你對能量工作有興趣是為了改變世界，例如想清理家裡的惱人能量，那麼你實際上想做的是移動能量。想精確有效地轉移外部能量，最好的辦法就是建立穩固的基礎，這時候就能更容易感覺到與能量井（well of energy，構成宇宙的一部分）的深層連結，進而看清楚並表達出自己的道德觀和價值觀。擁有穩固基礎、深層連結和洞察力能讓你有自信地表達和控制能量。

重視自我照顧的第二個原因超出了你當下的生活，和大家共享的現實有關。有個希伯來文創世故事說，上帝其實並沒有完成世界的創造。祂故意沒有完成，是要讓人類參與宇宙持續不斷的發展。這個概念也是吸引力法則的一部分：我們與宇宙共同創造現實。在薩滿信仰中，有一個根深蒂固的傳統，那就是所有人（不只是薩滿巫師）都有責任持續創造世界。就連科學也有類似的概念，例如膨脹宇宙、相對論以及旁觀者對結果的影響。

我們對自己負責，也對身處的世界負責。透過在實體世界中的行動以及能量工作（無論是有意識還是無意識的），我們參與了世界的創造。除非我們處於能量和諧的狀態，並學會如何不斷修正方向地過生活，否則我們持續參與的現實創造將不會是基於自由和有意識的意志。因為我們不會有意識地創造，所以要嘛會支持一個我們認為本質上不健康的現實，要嘛會為步入無序狀態增添助力。

照顧好自己的身體和心靈，影響的不只是你，也會影響所有的一切。這是很重要的工作。你值得良好的狀態。我們都值得。

【筆記時間】

是時候拿出日誌來思考問題並探討一些想法了。這些也許不是最有趣的沉思內容，卻非常必要。能量工作能幫助我們現在要開始往內心探討的領域，這就表示要辨識出有問題的部分，這是非常私密的事。你在日誌裡寫的內容不會有其他人看到。對自己誠實。

一、就你的理解，你有哪些價值觀？

二、寫出你平日的行程。

三、寫出你每個月的花費預算。

四、你在問題一所列出的內容如何反映在問題二和三中？

五、根據問題二和三的答案，其他人會覺得你的價值觀是什麼？

六、你重視我們文化或社會的哪些部分？你如何支持這些方面？

七、你希望文化或社會的哪些部分有所不同？你的行為如何有助於改變你寫下的部分？你的行為如何支持那些部分繼續存在？

CHAPTER 3

能量清理技巧

實體世界很適合拿來比喻抽象世界，如果你記住了對應原理「其下如其上；其上如其下」，那更是如此。我們隨便拿實體的東西——花園、衣櫥、房子、企業、身體——來了解清理、儲存和培養能量的概念。因為實體和抽象能量都是需要流動的，除非受到抑制，否則會不斷移動。實體世界具有結構，如果希望保持結構的健康和完整，就必須照顧它們。少了關注和照顧，事物（物質、能量、系統）自然會從有序變為無序。除非能物歸原位，否則我們井井有條的衣櫥就會從有序變為無序。只要不讓雜草有叢生的機會，那花園裡就會長滿幼苗。如果改而追求其他的理想或價值觀，那麼原本擁有的清晰願景和確切使命的企業就會失去焦點。如果睡眠或食物不足，身體就會崩潰。清理、儲存和培養的過程都在維持能量和諧中扮演重要作用。雖然很重要，但是並不困難。

在接下來的兩章中，我們將介紹清理、儲存和培養能量的通則。這很重要，也非常簡單。在第五章中，我們將了解如何將這些概念應用於能量體。這些建議都是根據經驗和研究而得來的。從事能量工作的我開發出能夠引導你的樣板，讓你能套入覺得有共鳴或能夠激發創造力的想法，形成自己專屬的方法，以你自己的理解來進行能量工作。

我相信能量是神的一部分，不是什麼要欺騙你或讓你失敗的儀式漏洞。雖然能量流動有一些基本原理，但是你理解了之後，也不要害怕遵循自己的直覺、創造力和常識。我們都是由能量組成的，並且完全能夠理解和使用它。在本章和下一章中，我會邀請你在閱讀時也嘗試一些練習。這是為了幫助你開始學會照顧自己的能量是什麼感覺。把這當成試用期。從小練習開始。你不應該設定宏大的目標，或嘗試清理你已經知道很龐大複雜的東西。這樣可以減輕壓力，讓你可以專注在練習本身和你的感覺。第五、六和七章會帶你更深入探索。第八章將幫助你透過個人化的練習將所有的內容融會貫通。

清理

你有沒有試過要在無人照料的土地上種植出新的花園，或是試圖整理一個堆滿物品的衣櫥？這都是可以辦到的——只是很沒有效率，根本是近路不走，走遠路。將新花園裡的石頭和雜根清理掉，弄掉泥土或砂礫，就能更均勻地種下幼苗或種子，並提供空間給含有營養豐富的土壤。將衣櫥清空能讓你看清楚裡面都裝了些什麼，如此一來就能更輕鬆地選擇要保留、移動或丟棄哪些物品。一個空的衣櫥能讓你看到可用的空間多大，進而充分利用。這些實體範例很好地比喻了能量清理的概念。

將這些想法應用於能量體並不難。有時我們會說要休息一下，或是散個步來醒腦。如果你有過這種感覺，那麼你就已經意識到你的理智體充斥著需要整理的思想。走路有助於讓激動的能量安定下來。清理完能量，就能更容易看到自己的想法。走路時，你可能會探究不同的想法，捨棄一些念頭，並進一步發展某些構想。你能察覺到要保留哪些、釋放哪些。

清理能量體就是這樣。你有意識地檢視了內在的東西，然後就可以根據自由意志來決定哪些要保留、培養以及釋放。大多數人都有積累了一輩子的能量，就像牙齒上的牙菌斑或是動脈上的斑塊。能量體可能看起來像是囤積者的房子，塞滿了難以移動的能量，鬱積停滯是稀鬆平常的事。這就是為什麼一開始需要花費比較多的精力和時間，因為有積累很久的能量需要整理。

清除能量不是只做一次就夠了，而是必須持續地做。因為大多數人沒有能量維護的良好訓練，所以在平常生活時，經常被他人的能量以思想或情感的形式轟炸。如果那些未經管理、隨意散布的攪動能量能用肉眼看見，那應該就會像在一鍋奇怪的抽象燉湯裡走動的感覺吧。你的能量體是很黏的，所以其他東西容易沾附上來。如果不維持良好的能量衛生習慣，你就會在不知情的情況下經歷別人隨意沾附到你身上的能量，進而以你沒有意識到且沒有選擇的方式影響你，甚至可能改變你。

能量清除的頻率因人而異。極度敏感的人或還沒加強界限的人可能需要每天練習。界限比較明顯，或是環境有助於幫助他們更好地管理環境能量的人（例如獨自生活或是在家工作的人），可能只需要每週或每月進行一次清理工作。無論你最後決定用什麼樣的頻率定期清理能量，你都可以視需要來增加計畫外的清理，例如經歷劇烈變化，或是遇到讓你能量耗損的情況。

清理能量的方法有很多。客觀來說，並沒有哪一個比較好，只要對你有用的都好。選擇清理的方法時，最重要的是要考慮是否與你的信念系統有共鳴，並選擇你會定期做的練習。與你的文化截然不同的技巧可能不是最佳選擇，因為那和你的理解不相符。如果方法過於複雜或耗時，或者需要購買難以找到或昂貴的商品，那你就不太可能會貫徹下去。

舉例來說，有一些可用來清理的儀式浴。有些需要用到精油、水晶、鹽，以及蠟燭。如果你對我建議的精油或水晶的能量（有人會說是靈魂）沒有共鳴且毫無興趣，甚至不喜歡泡澡，那麼這種做法對你當然不是最佳選擇。但是如果你喜歡泡澡，並且原本就收集了很多精油和水晶，那麼這項技巧就非常適合你。

此外，你可能會發現，你要清理的東西不同，可能就會喜歡採用不同的清理技巧。

舉例來說，你可能會發現，理智體超載時，跳舞或走路這種比較肢體上的清理活動最有效，但如果你意識到情感體很雜亂時，冥想會更有幫助。

讓我們來探究一些你可以運用的清理技巧。這些比較像是樣板，你可以輕而易舉地帶入對你來說合理的方法。我會把選項和建議放進來，但請記住，這不是一套制式的系統。你不需要遵照任何特定指示。事實上，如果你在閱讀這些想法時，有靈感去創造自己的技巧，那就更好了。你的能量體與肉體一樣私密又獨特。你必須決定最適合的方法，因為到頭來，只有你能對自己負責。

清理練習

任何能讓你釋放無用能量的活動都可以是能量清理的練習或技巧。它們能在肉體和能量體創造出空間，因此在清理完之後，最好也做能量培養的練習，好讓你控制要用哪些能量去填滿剛剛創造出來的空間。有些清理技巧會比較集中在分解停滯能量上，並且絕對要搭配另一種練習來釋放剛剛鬆開的能量。我會分享這些技巧以及能搭配的練習。同樣地，有些技巧的重點在於收集混沌的能量，然後就能更有效地清除它，土類的練習大多屬於這一類。

你會在第三部分中看到，這些技巧全都可以用來清理物品和空間，也可以自己加以調整。跟其他很多的抽象練習一樣，意念與行動是同樣重要的。進行能量工作時，請確保你的精神很集中，並且沒有胡思亂想。你必須對自己在做的事情有所控制。與意念一樣重要的是，只做對你而言有意義和感覺對的練習。跑步是很棒的運動，但如果你的膝蓋不好，游泳或許是更好的選擇。同樣地，燃燒鼠尾草是清理自己或空間的好方法，但如果你對煙過敏，那可以考慮使用運動類或是水類的技巧。能量工作的很大一部分是了解自己，以及你的能量體和需求。盡量嘗試，並注意結果如何，然後發展出專屬於你的完美技巧。

一邊閱讀，一邊在日誌裡寫下你想嘗試的練習，或直接記在書上也可以。知道哪些練習沒有用也很重要，因此也請寫下不太適合你的技巧有哪些。就算是這些初步的想法和決定，對於創造自己的練習也是很有幫助的。除非有不嘗試某種技巧的理由，否則我建議你多方嘗試。試得越多，就會學到越多。

一：運動

運動能使能量移動，也能分解停滯的能量，是個很簡單的好方法。運動可以是細微的，也可以是劇烈的，我們兩者都會討論。山式站姿和陰瑜伽是較溫和的運動方式，非常適合清除振動過度的能量，從而帶給你舒適感。跳舞和走路可快可慢，因此能輕易跟著你的需求調整。我們將介紹站立、走路、跳舞和陰瑜伽的清理練習。

山式站姿：瑜伽的山式站姿看似沒有在移動，但是要保持在站姿中，包括著微妙但重要的動作。你不只是站著，你是有意念地站著。雙腳站得與臀部同寬。從腳趾到腳跟前後晃一晃，找到腳掌兩側的邊緣，然後將重量放到腳掌的中央。如果這時要你踩足印，你的腳掌會均勻完美的呈現出來。腿部肌肉用力，讓膝蓋骨抬起，大腿骨向後推。將肋骨抬高，有種遠離腰部的感覺，替肺部留出很多擴展的空間。將肩膀往上靠近耳朵，再往後、往下放。確定耳朵、肩膀、臀部和腳踝成一直線。保持下巴與地面水平，並將頭頂往上拉，替脊椎上方創造空間。深吸一口氣，讓氣注入你的理智體。吐氣，透過腳掌將能量釋放到大地。視需要重複幾次，直到你的感覺清晰為止。

走路：只要加上意念，就連簡單的步行動作也是種不錯的練習。我的理智體阻塞時，走路對我特別有效。在長時間的寫作、計畫、聆聽艱深的演講、學習或閱讀，甚至在激烈的交談之後，都可能會產生「頭昏腦脹」的感覺。首先，專心在自己的意念上，然後以山式站姿呼吸一會兒，然後維持在山式站姿時建立的良好姿勢開始走路。每走一步，就感覺你的意念鎖定的能量分解，並開始向下移動。當你的雙腳與地面接觸時，將能量釋放到地面。一直走到感覺清晰為止。

走路時，試著保持穩正的有力姿勢。走路時也要注意身體在做什麼。我們的身體是很棒的智慧之源，可以透漏很多能量體的線索。你是否發現自己習慣駝背，好像身體試圖保護心臟中心？你是否會從腰部往前彎，壓制住了薦骨或腹部？將你的注意力轉移到這些區域，看看是否還有其他的能量需要處理或照顧。

因為走路非常適合移動劇烈或停滯的能量，所以我喜歡將走路與簡單的培養技巧配對。我最喜歡重複唸祈禱文，大聲唸出或在腦中複誦都行。我會選擇可以激發自己想要的能量或想法的祈禱文，來取代我釋放走的東西。舉例來說，如果我的汽車拋錨，修理費很昂貴，使得我的能量不堪負荷，那麼我會用走路來醒腦，釋放焦慮，並對自己重複我一直都很喜歡的一句話，來自十四世紀神祕主義者和神學家諾威奇的茱利安（Julian of Norwich）：「一切都會好起來，一切都會好起來，一切的事物都會好轉。」[4] 另外，靠著走路來消除因為汽車修理費所引起的焦慮也帶有別具詩意的諷刺意味，我肯定也會在無意中促進能量和諧。

跳舞：跳舞是能夠自然而然推動能量的方式。舞蹈有各式各樣的種類，跳舞的理由和地點也五花八門。在派對上或夜店裡跳舞可以成為能量練習的一部分——在我年輕時，這也是一種宣洩。有時候需要處理能量時，在夜店會很難辦到……對某些人來說，這種場所就是感覺不對。我在夜店、派對、婚禮、儀式或典禮上跳過舞，有的跳正式舞步，有的是完全豁出去。我認為任何一種舞蹈都可以成為維持能量的一部分。

對我來說，最好的能量跳舞發生在獨自一人的時候。這時完全不需要擔心其他事情（穿什麼衣服、是否有其他人、朋友是否玩得盡興等等），只需要選擇一首歌然後開始動起來。學會信任自己的身體及其智慧可能需要一些時間來適應，但這其實很簡單，一旦掌握要領會很值得。要我解釋怎麼做並不容易，不過有個一個人跳舞的好理由，那就是不必克服在舞台上的尷尬感覺（如果有舞台的話）。你可以試著用不同的方式來移動身體，並觀察不同的動作和節奏帶來什麼樣的感覺。你越跳就會覺得越自然。

與大多數其他練習不同，雖然我在一開始就專心在意念上，但開始跳舞之後，我並沒有真正專心想任何事情。在走路練習中，我刻意專心想著腳踩在地上時去釋放能量。跳舞的練習比較原始，我學會相信自己的身體。尤其是當你不確定什麼東西或哪

4　約翰•朱利安牧師（Father John-Julian）《諾威奇的茱利安》（The Complete Julian of Norwich，Brewster, MA: Paraclete Press，二〇〇九年出版）, xi。

個地方出了問題時，這些較無意識的控制方法有時是很好的選擇。你只知道必須移動某些東西，因此相信自己的身體可以做它所需要的事情。透過在跳舞時集中注意力並反思經歷，你可以了解正在發生的事情，這樣將來再遇到類似狀況時，就擁有必要的經驗和知識。

陰瑜伽：西方人經常透過太極拳和瑜伽等運動來鍛鍊身體，但這些做法其實深植於能量工作，可以全面清理、儲存和培養能量。因此只要認真練習，這些方法對能量健康非常有益。尤其是陰瑜伽，特別有助於能量清理。陰瑜伽的重點是長時間保持被動姿勢，對於初學者來說通常是一到五分鐘。以身體上來說，長時間停留的姿勢不只有益於更大的可見生理結構，更能照顧到更深層的內在結構。長時間停留的姿勢，尤其是深度的開髖，對情緒體也會產生影響，進而釋放停滯已久的能量。如果你之前沒有做過，請慢慢來，並為情感和身體上的經歷做好準備。雖然我極力推薦陰瑜伽，但任何瑜伽都有助於釋放能量，因為很多的體位法都能在身體創造出空間，而根據我們的原則「其下如其上；其上如其下」，身體上的空間也將在能量體內創造出來。

我們移動身體時，也在移動能量。停滯是極端、長時間和不適當的靜止狀態。焦慮會使能量劇烈振動。幾乎在任何情況下，你的身體都可以幫助你保持適當的振動。擺脫停滯不前的能量和焦慮，並透過適當身體移動來保持能量暢通和流動吧。

二：聲音

透過增加振動、創造空間和分解停滯能量等使用聲音的技巧是移動能量的簡單方法。雖然這個技巧主要用於實體空間或在為他人進行能量工作時，但在自己身上使用也是可以的。記住，意念很重要。使用聲音來影響能量的傳統方法包括轉撥浪鼓、打鼓、敲鑼、搖鈴、頌缽和拍手，嚴格說來，你也可以唱歌或誦經，但我發現前述的方法對於能量培養更為有效。雖然用特殊樂器來進行能量工作很棒，但你不必購買花哨的撥浪鼓或鼓。你可以把一些乾豆或爆米花仁放在塑膠盒等有蓋的容器中，也可以把書或桌面當成鼓來打。

我使用聲音來清理自己的能量時，通常會結合動作，最後在靜止和安靜的狀態下，吐出動態的能量，並有意識地吸入祥和或感恩之類的輕微振動。聲音可以喚醒心靈和我們的能量。當你感到昏昏欲睡時，可以發出一點聲音，喚醒能量體。

三：水

水是清理能量的絕佳工具。我們將討論最簡單的清洗以及注入法的創造和使用。當水不方便取得，或者需要更深層的探索時，水也可以用來當成創意想像的原料。

清洗：最簡單的方法就是用水洗手或洗臉。有時這還不夠，因此最好做完整的泡澡或淋浴。儘管一般的自來水效果就很好，但很多人還是喜歡將浸劑加入水中，以增強效果或用於特定目的。

注入法：添加精油是一種常見方法，但請確保你知道所用的精油是什麼，以及使用的原因（並確保可以安全地接觸皮膚）。薰衣草精油能撫慰和療癒，所以很受歡迎，但它比較適合培養能量時使用。我發現迷迭香的能量非常適合清理能量。不過要注意，有些人對迷迭香會敏感，而且孕婦不宜使用。鼠尾草不是清理能量常見的精油，而且孕婦不宜使用，但它是我個人的最愛。如果你有喜歡的精油，請先檢查一下安全性，再嘗試使用。即使有些精油在能量清理上常用，但每個人和精油的能量會發展出不同的關係。

將水晶放入裝了水的容器中，靜置幾天，可以將水晶的特質注入水中，進而協助你清理能量。我使用的是朋友在俄羅斯發現並贈送給我的黑色石英水晶。務必要研究你打算使用的東西，因為有些水晶會析出到水中。安全第一！

鹽是很棒的天然清理劑，因此你只需要將鹽溶到水中，就能增強清理能力。

太陽和月亮的注入法也很流行，而且很容易進行。只要將水放入容器中，然後靜置在陽光或月光下一陣子即可。我會將水放在有蓋的罐子裡，放到窗台上。如果要注入陽光，我會放一整天。要注入月光，我會放過夜。我通常會用陽光能量進行清理，用月光能量進行儲存和培養，但這只是反映我與日月關係，你可以想想與它們是什麼樣的關係，決定哪種方式更適合你。要是你對占星術有興趣，你甚至可以留意太陽進入哪一宮位，或月亮處於哪一宮位或相位，來讓水的清理用途變得更有效。傳統上來說，下弦月適合釋放或清理。

無論你只是洗手還是全身，另一種用水清理的方法是使用加了有清潔特性的精油或草藥的香皂。我發現加有鼠尾草、甜茅草和雪松的香皂非常有效。具有清潔特性的精油有很多。如果找不到含有你喜歡的草藥或精油的肥皂，也許當地做手工皂的人可以幫你創造特製，或者你也可以嘗試自己製作。只要有良好的安全預防措施，製作香皂既容易又令人滿足。

觀想：觀想是一種有用且變化多端的清理方法。因為有很大的想像空間，所以盡量異想天開吧。當然，雖然進行能量工作不一定要懂脈輪（chakras），但是稍微了解一些或許會很有用。脈輪是無形身體中的能量中心。這個概念來自許多東方傳統，而且已被許多西方能量工作者所接受。脈輪一詞來自梵語，意為「輪子」或「圓圈」。雖然脈輪有很多，但大多數西方練習者都將注意力集中在七個主要脈輪上：頂輪（紫色）、眉心輪（靛色）、喉輪（藍色）、心輪（綠色）、太陽神經叢（黃色）、本我輪（橙色）和海底輪（紅色）。你去搜尋的「脈輪」會找到很多很美的圖，標示出脈輪的位置、能量，和所代表的主題。

我最喜歡的一個水類的自我清理觀想方法是躺下，閉上眼睛，並想像出自己的能量體和脈輪。我從底部的紅色海底輪開始。我在腦海中清楚地想像出來，然後讓它旋轉。我會往上面的脈輪移動，從紅色、橙色，再到黃色、綠色、藍色、靛色，最後到紫色，讓它們同時旋轉。然後我會想像有水嘩啦啦地流過我的頭頂（穿過我的頂輪），依次流經每個脈輪，在流過時清理著它們。水流回大地，根據需要進行重新分配。我會花點時間欣賞我那閃亮乾淨的旋轉脈輪，然後再將它們放回原位。就這樣。簡單好用，而且令人神清氣爽。

四：火

火可以是強大的清理盟友。你可以真的燃燒物品、點蠟燭，也能像水類的方法一樣，透過觀想將火納入能量清理工作。火很強大，所以可能很危險，因此一定要特別小心謹慎。

焚燒：這是火類清理法中，我最常用的方法。我會在一張很小的紙上寫下我想要釋放的能量。這個方法需要一個夾子和一個鑄鐵鍋（任何防火的容器都可以），用夾子夾住紙張，然後用長嘴打火機或蠟燭將其點燃，放進容器中燃燒。如果有時候我非常認真、勤奮，我會把灰燼埋到土裡。有時候我會把灰燼留在鍋裡，直到下一次清理……尤其是在冬天，因為外面的土太難挖了。

蠟燭：我聽說過但沒有親自嘗試的另一種使用火類方法就是燃燒一根小蠟燭，將所有想釋放的能量放到蠟燭中。做法是將蠟燭握在手中。讓自己專注並扎根。專心想著你要釋放的能量。感覺它離開你的身體並進入蠟燭。你可以用牙籤或其他的小尖物將你要釋放的能量名稱寫在蠟燭體上，將它封在蠟燭中。看著它燃燒直到燒完為止。根據蠟燭的不同，可能需要一段時間。如果沒有小支的蠟燭，我會專門準備一支蠟燭來做清理用，在蠟燭上分段標出記號，每次清潔使用一段。

觀想：和水類的方法一樣，用火進行觀想是將這個強大工具整合到你的清理工具包中的另一種方法。我建議想像一個明亮的白色光芒，而不是一般常見的火焰。在觀想的狀態下覺得舒適之後，想像一下周圍環繞著燦爛的白光，在你緩慢深長的吸氣時，像愛的擁抱一樣淹沒你。讓它滲透進你的能量體，直到核心。吸氣後，閉氣數幾秒，然後再吐氣，並將吸收了能量的光也一起釋放。這種做法只要緩慢的吸氣和吐氣，所以可以隨時進行。舉例來說，我不知道你是不是也這樣，但是遇到塞車時，有時候很難保持平靜、和諧的能量。屈服於生氣、破口大罵或對他人大喊的衝動（好像是他們故意引起塞車似的）或許可以短暫釋放情緒。不幸的是，這樣做對你自己和周圍的人產生的後果是不值得的，因為你所做的只不過是餵飽了已經存在的混亂、困惑和沮喪的能量。因此你可以用這種快速有效的呼吸與光的練習，來讓自己降低暴躁的情緒，或許也能影響他人。

五：空氣

空氣是我最喜歡的一種清理元素，不是因為它在某種程度上是最好的，而是因為它很適合我和我的做法。如果你已經有比較喜歡的元素，那可能是你清理能量的最佳媒介。如果你不熟悉或很少使用這些元素，請全部都嘗試看看哪種感覺最適合你。除非練習時讓你有共鳴並覺得很自然，否則不太可能持續下去，持續在任何類型的練習中都非常重要。這裡的技巧包括焚燒、呼吸和整理。

焚燒：焚香通常與空氣有關，數百年來，燃燒草藥或樹脂所產生的芬芳煙霧一直有清理能量的用途。事實上，大多數對清理能量感興趣的人都是從鼠尾草開始的。最多人建議鼠尾草，因此已成為主流文化的一部分。燃燒鼠尾草確實是清理能量的好方法。這是我定期清理房子時都會做的方法。

順便說一句，查閱使用鼠尾草的相關知識時，你可能會看到「煙燻儀式」(smudging ceremony)。「煙燻」一詞聽起來好像會使用到的是灰燼，但做法其實是要讓煙霧穿過某個東西，或將煙霧放到某樣東西的上方或周圍。有淨化效果的是煙霧。用鼠尾草捆或線香，點燃一端，讓它燃燒一下，然後把火吹熄。點火的那端應該要有紅光，並且有煙冒出。將煙移到要淨化的物品、空間或人員周圍。

你也可以在木炭或電子燃燒器上點燃撥碎的藥草或小線香。不過在木炭或電子燃燒器上燃燒草藥會產生大量煙霧，因此請先做好準備。我通常在清理空間時會用鼠尾草——第三部分會有更多相關內容。

呼吸：用呼吸法來做個人清理是非常好的方式。我們已經在使用火的部分中稍微提到了呼吸的方法，因此你知道這很容易辦到：不需要任何工具，而且可以在任何地方進行，不會引來他人側目。好吧，他們可能會在你清理完之後，注意到你的舉止、言語和行為發生了徹底的轉變，但這就代表你成功了。同樣地，呼吸也和許多同類型的做法一樣，可用於儲存和培養能量。不過我們在這裡要把重點放在清理，關鍵是要清空自己並創造空間。這就表示，雖然一樣必須緩慢深長的吸氣，但重點是吐氣，也就是釋放能量。使用呼吸進行清理時，請照著以下步驟：

◎一邊吸氣，一邊數到三。

◎一邊吐氣，一邊數到五。

◎閉氣（或者更精確地說，是將氣**鎖住**）數三到五下。

最後的閉氣創造出必要的空間讓停滯的能量空間拆解，並為其他能量創造出空間以進行流動。做幾次緩慢深長的刻意呼吸，利用吸氣來幫助你分解停滯的能量。做完最後一輪後，閉氣時間越久越好——但最多不超過五下。這樣做是為了要增強空間的創造，並體驗清空的感覺。清出空間後，在下一次吸氣時，有意識地選擇你想要帶入的東西（這也是培養能量的方法，但不吸氣就很難吐氣）。

你可以在有關培養的部分找到呼吸法（請參閱第一〇四、一〇五頁）。這確實是最簡單、最棒的方法。吐氣能釋放能量，然後再利用吸氣補充我們所需的能量。

整理：最後一個空氣技巧對於清理理智體，和被工作壓垮的人特別有幫助。我將這個歸類為空氣練習是因為我覺得這和溝通、邏輯、秩序（以及其他事物）有關聯。雖然透過電子郵件和智慧型手機，要隨時隨地「上班」是很正常的，而且感覺好像做起事來很有效率，但我們知道這其實不健康，也不會提高生產力。你可能會覺得這種做法不切實際，而且這需要時間和紀律才能完成。我不是故意講得很難，只是想確定你有切合實際的期望。雖然我花了一些時間才成功，但這種做法——又是除了清理之外，還包含一部分儲存和培養——大大地改變了我的生活。做法是這樣的：在一週的工作結束，要準備週末「關機」之前，我會先清除電子郵件、電腦桌面，再清除真正的桌面。很瘋狂吧？誰有那種閒時間？你很忙的！我知道，我也是。不過這麼做的優點很棒。你可以清空腦袋，這樣當你回到工作崗位時，就不會以混亂來開始一週的工作。你對工作區域和工作本身擁有控制權。

這種做法的相關資源和文章有很多，但我要來分享自己的幾個技巧。我不會用電子郵件來當作要處理某些事情的視覺提醒。以前，當我的收件匣裡有一百封以上的電子郵件時，只會產生了焦慮和「忙忙碌碌」的感覺，這種感覺確實會讓人上癮，但絕對不和諧。我會建立專案的資料匣，將相關的電子郵件放進去。當我準備好要專心處理那個專案時，我才會去看那些電子郵件。如果有封電子郵件跟專案無關，但仍需要回覆，那麼我也有專門放那種郵件的資料匣。對於需要緊急處理的事情，我會在電子郵件程式中設定彈出提醒。

我的桌面也是如此。把所有的東西收好，就不會視覺混亂，而是很有條理的感覺。除了每天的待辦事項清單，正在執行的事項清單也可以確保沒有漏網之魚。其下如其上；其上如其下。用平靜的能量來執行專案，能量就會流過它。事物整潔有序，這樣的能量也會流回你的手中，就能維持一種相輔相成的良好影響，對你的工作和能量體都有益。

清理手機與清理工作區域有關，但我一直難以貫徹。我還不太擅長刪除不再使用的應用程式、幾週前的簡訊、不再需要的電子郵件，以及我「以防萬一」儲存但從未再聽的語音郵件。哦，別忘了還有照片。你是否曾經想讓人看看手機裡照片，但是當你滾動瀏覽三百張圖片時，對方只能呆坐在那裡，變得越來越不耐煩？有時候，我為某樣東西、某個人或場合拍了十幾張照片，打算事後再回頭刪掉不好看的那些照片。重點來了，我幾乎從來沒有這樣做過。然後，當我想找某一張照片時，滑過那麼多照片只會讓我越來越焦慮，並且是很不愉快的感受，也很難找到我想找的東西。幸好我在這方面逐漸變得越來越好。

是這樣的，要有健康能量的生活就要不斷維持。但好消息是，你一旦建立出一個系統並持續練習，它最終將成為你的第二天性，你就可以繼續前進到下一個領域，而且不會感到不知所措。無論是在實體世界還是能量世界，整理和清理工作都能產生奇妙的作用。

六：土

當你覺得想法雜亂無章、飄飄然或是處於非常活躍的狀態時，土類的練習最適合你。但是對於停滯的能量，我建議使用其他方法。土元素有利於解決混沌能量並將其聚集在一起，因此更容易釋放。在這裡，我們將討論使用水晶和樹木的好處、寵物的重要性以及小睡片刻的魔力。

水晶：最簡單也最常見的做法是將寶石或水晶放在口袋中，就可以在需要扎根接地時觸摸它。寶石的種類可以更具體地決定要做什麼樣的扎根接地。我有一些個人的最愛，也就是虎眼石和我多年來健行時的一些小收藏。如果你對水晶不太了解，那去一家有很多水晶書籍的店，或是店內人員具備專業知識的超自然商店或寶石店能幫助你，這是個特別好的選擇，因為你可以實際握握看它們讓你有什麼樣的感覺。鹽是一種很好的能量清潔劑，但是除了在浴室中使用鹽以外，我通常會拿鹽來清潔空間而不是個人能量。

像呼吸法一樣，水晶可以用來培養能量。它們帶有特定的能量，幸運的是我們能夠在需要時使用它。

樹木：即使在某些圈子是個笑話，但擁抱或倚靠樹木（以及在樹下坐著或站著）都是釋放能量的有效方法。樹木是如此強大和睿智；當我要求一棵樹成為我的盟友時，我總是感到對它有完全的信任。無論我的能量有多混亂或動盪，我都知道樹木可以應付。同樣地，如果你的身邊剛好沒有樹木，即使只是出門踩踩地也可以。

寵物：擁抱、撫摸或和寵物玩耍很能讓人平靜。現在有很多關於與寵物互動能如何讓身體平靜的文章；大家都知道，肉體和能量體是相互連結的。但還是要謹慎使用這個方法。利用與寵物互動來穩定能量，但不要將其釋放到動物身上。相反地，在你感到安定之後，可以透過山式站姿或是呼吸練習等活動來釋放能量。

小睡：這個練習看起來或許不像能量工作，但這是我所知道最有效的一個技巧。當然，你不一定總是有時間小睡片刻，但是如果可以，就試試吧。我很久以前就說過，我所知道最有效的魔法練習是收拾東西（可以移動停滯的能量）或小睡片刻（可以讓混亂的能量平靜下來）。當理智體或情緒體的能量很激動時，有時候，有意識反而會適得其反。只要你的頭腦繼續轉呀轉地想事情，就很容易養成偏執的想法或是讓已經高漲的情緒更加沸騰。睡眠是一種有效的方法，可以讓心靈和情緒有冷靜的空間。

七：心靈

心靈類的練習非常適合沉思型的人，或是喜歡在能量工作中偏好儀式感的人。我最喜歡的心靈類技巧包括禱告和做善事。

禱告：禱告——或者說是與神祇（或你想像的任何神靈都可以）之間的溝通——

可以是一種簡單而直接的能量管理方法。就像我請一棵樹從我身上吸走我不需要的能量，然後將其放回大地，在最合適的地方進行重新分配一樣，我也可以向我的「神靈」祈禱，請祂也這樣做。對於已經平時就會禱告的人來說，這是一種既自然又簡單的方法。對於沒有禱告習慣的人來說，如果這個做法與你的信仰相符，那會是一種簡單、安靜且美麗的體驗。但是如果禱告的行為讓你聯想到令人不快的回憶，那請以冥想取代禱告。冥想和禱告並不是同一回事，但是非常接近。在禱告中，我們與神交流，而冥想則是與最高的內在智慧聯繫的一種方式。

做善事：雖然心靈類的方法與世俗實體世界的行動結合起來似乎很奇怪，但這是一項強大的技巧。如果你知道要清除的能量的性質，就可以確定要用哪種行動來應對。舉例來說，如果你想清除自私或頑固的能量，那就做無私或慈善的活動。如果你需要釋放憤怒的能量，那就原諒他人。儘管上面解釋的大多數練習都非常適合處理當下的能量狀況，但這一個練習尤其適合消除體內長期存在的深層能量。有時候，能量會占據我們的內心，並以與我們的價值觀不一致的方式來塑造我們的行為。我們雖然希望能只用一次儀式或療程就一勞永逸地除掉那樣的能量，但這通常是行不通的，因為這些行為已經成為習慣。即使能量從能量體釋放出來，身體（包括思想）也必須趕上同樣的腳步。身體釋放掉舊的習慣需要時間。透過持續的行動有意識地訓練自己以符合自己理想的方式做事情，就能產生持久的改變。如果不改變身體的行為，那能量可能會因為環境太過誘人而再次返回。

現在你已經學到了一些清理能量的技巧，大概會想學習讓一切保持乾淨整潔的方法。保存好自己的能量很重要，這樣你就不會耗盡。此外，一旦擺脫了不符合你人生真正目的的東西，你就不會希望它回來繼續居住。在我們努力清理能量之後，我們接著就來看一些能夠儲存良好能量的方法。

【筆記時間】

繼續探索儲存能量的方法之前，請記下你對上述技巧的反應。每個部分至少都嘗試一個。注意在嘗試技巧之前所感覺到的能量，以及練習完之後的能量是如何改變的。好好做筆記很重要，因為我們雖然自認能記住所有事情，但不幸的是我們就是不一定能記得。在了解能量工作並發展個人化的練習時，日誌會是很重要的工具。

一、哪一個技巧看起來是你絕對不會嘗試的？為什麼？

二、哪一個是你迫不及待想嘗試的？為什麼？

三、哪些是你試過，結果讓你最驚訝的？為什麼？

CHAPTER 4
儲存和培養能量的技巧

清除掉一直與你隨行的停滯或不適當能量後，你就需要儲存並保護能量體。儲存的方式既簡單又容易。享受清理完能量體的寬敞空間後，就可以練習培養技巧。引入特定的能量是能量工作的一大好處。

儲存

儲存的練習重點在於能量體的邊界，這裡就像身體的皮膚。這些技巧既能用來儲存你想要的能量，也能用來將你不想要的能量拒之在外。能量體的邊界是可滲透而且有黏性的。畢竟，我們都是一體的，因此即使你不想要，也可以感覺到萬物都想黏附到你身上。這些東西——以想法或情感形式呈現的能量——並非全都不合適，但因為這是你的能量體，而且因為你有自由意志，所以決定要保留哪些能量是你的選擇。身為人類和宇宙的共同創造者，你有權利，也有義務辨別並決定什麼該留下、什麼該釋放。

對很多人來說，儲存能量似乎是很有挑戰性的事，尤其對那些容易敏感或很有同理心的人來說更是如此。如果你是那種能量體特別具有磁性和黏性的人，你可能經常會對不屬於你的情緒和能量感到不知所措。因此，至少發展出一套儲存方法，幫助你感到更自由、更純淨。

對於那些或許沒有很敏感，但是經常與人接觸的人來說也是如此，無論是面對面還是以其他方式接觸（尤其是在社群媒體等任何線上場所、評論區或論壇）。很少有人對能量衛生有清楚的概念。因此，我們的能量全與他人的能量混雜在一起，沒有人分得清哪些是自己的能量、哪些是他人的。難怪生活有時會讓人感到混亂。儲存技巧可以幫助你了解你要處理的是哪些能量，以及哪些能量是你不該處理的。

一：光的泡泡

因為這個做法既簡單又有效，所以很常見。你可以坐著、站著或躺著進行。閉上眼睛，專注在自己的內在核心。想像一個火焰點燃，並燃燒出明亮又炙烈的白色火焰。賦予這道火焰保護你能量體的任務。下定決心地想，除非你允許，否則沒有任何東西會滲透或附著到你身上。鼓勵光線擴大，直到充滿你的身體。身體充滿了光之後，就可以往各個方向推到皮膚，為你的能量體注入能量。你可以用這個練習來開始每一天，也可以在必要時使用。這在很多精力四處飛散的情況下特別有效，例如剛開完激烈的會議、面對煩躁的社交或家庭聚會，或是經歷令人不快的社群媒體互動，都是用光來包覆自己的絕佳時機。你會感覺更像自己的真實自我，並能夠將自己的光明分享出去並幫助他人。

二：連結索

也許更好的名稱是解索，因為受到薩滿信仰啟發的技巧就是這種感覺。嚴格說來，這既是清理方法（因為能去除不需要的東西），也是一種儲存方法。我們已經提到了能量體的黏性，但這並不是能量進入的唯一途徑。連結索是兩個人、一個人和一個地方、一個人和一個事物、一個人和一個群體，或者一個人和一個想法之間的一種有力聯繫。連結索不僅是連接，還是允許能量在連結索兩端之間來回傳遞的導管。能量的取捨並不總是相等。有人可以將一條繩子附在你身上，以吸收你的能量，或將能量注入你的能量體。

發展連結索的方式有幾種。首先，當我們與某人、某物、某地、某個習慣、某個情感創傷或某個想法有關係時，我們就會與之建立聯繫。發展連結索的第二種方式是當有人把連結索附著在你身上的時候，即使你們並不認識。身為作家和老師，這經常發生在我身上。發送連結索的人不一定是出於惡意。欽佩、感激和尊重會形成束縛，也會引起嫉妒、煩惱和厭惡。無論是否立意良善，當我們有意識，而且能掌控自己的能量時，我們就能有最佳表現，所以就算是這種善意的注意力也可能會有不良影響。你與其他事物之間形成連結索的第三種方式是，當你付出能量，並依附於某人或某樣事物的時候。這通常是無意的，不過我們有時候會故意這樣做。當感情關係結束，但其中一個人不願意放手，一直試圖與前任重新建立聯繫時，就是這種情況的一種形式。

移除連結索一直是我生活中非常有用的做法，希望對你也有幫助。這並不難。剛開始時，你可能會發現每週進行一、兩次是有幫助的，但是在你建立了能量和諧的良好基礎之後，每月一次的效果可能就會很好。無時無刻都進行完全解索是不可能的——或者如果有可能的話，我還沒有發現如何辦到。這項技巧最好是站著進行。你將移除連結索，讓它們消散，其中的能量被吸收回地面，並根據需要進行重新分配。我通常會感覺到並聽到輕微的抽吸聲，就像吸盤拔掉的那種聲音。你將進行三輪。第一輪的連結索包括代表相互關係的索。第二輪的重點是其他人連結到你身上的。最後一輪是針對你連結到他人身上的。基本步驟如下，你將重複三遍：

一、以山式站立，閉上雙眼。

二、用心靈之眼想像出你的能量體，以及所有連接在上面的索。

三、從頭頂開始，往腳移動，用意念拔除連結索，把它們並放下。

四、第三輪結束後，可以想像連接的點癒合起來，或是以九十頁「光的泡泡」技巧來結束練習。

解索時，你會注意到其中一些較細長、脆弱，而其他的巨大又粗糙，特別是在你第一次開始練習時會特別有感。那是因為這些連結索已經被餵食和培養了很長的時間。我發現大多數連結索都可以輕鬆移除。在大多數的情況下，我不會試著識別我移除的每條連結索是什麼。較大的連結索可能需要花更多工夫才能完全消除。你可能必須集合更有意識、更專心的意念和能量，將它們導向那些連結索。

我第一次學習這項技巧時，不認為完全解索是明智之舉。畢竟，我想保持與妻子、家人和朋友的關係，不是嗎？經過反思，我意識到，我雖然想與親人保持關係，但是能量的束縛卻並非如此。為了保持健康的人際關係，你需要成為一個完整的人。你需要管理和擁有自己的能量，而其他人也必須同樣那樣對待他們自己的能量。共享彼此的能量是相互依賴的一種形式。當我們不將自己的情緒和故事與他人混淆時，才能更容易保持乾淨俐落的關係。

請記住，連結索就像是你和另一個人之間建立通道的空心管。能量會透過空心管來回流動。這種流動可能是無意識的，也可能是有意識的。也就是說，某人實際上可以消耗你的能量，或將不適當的能量傳送過來。就像我們討論的能量（事實上，脈輪也一樣），連結索是看不見的。

解索並不會破壞你的人際關係，當然了，除非這個關係一開始就不健康。唯有能夠控制自己意念和能量的獨立個體（不管是關係中的一個人，更理想的狀態是兩個人都如此），才能產生充滿愛的穩固關係。鬆開束縛的結來釋放自己和他人，你可能會發現與親朋好友的關係更勝以往。

三：雙手合十

雖然這個名稱看起來很愚蠢，卻是最清楚的。不管你是否練過瑜伽，你大概都看過練習者最後會擺出祈禱般的雙手合十手勢，並唸出「namaste」。他們為什麼要這樣做？我並沒有固定練習瑜伽，我承認這其中可能有一些更深層、更有意義的原因，是我不知道的。我所知道的是：瑜伽會強調清理和培養體內的空間和能量。努力釋放掉不需要的東西，並邀請想要的東西進入之後，將手放在祈禱位置（雙手合十放在心臟前方），就能形成一個象徵性的圓圈。主動和接受的雙手形成一個閉合的迴路，因此將釋放出來的東西留在外面，已培養的東西留在裡面。

這個快速簡單的技巧可以在任何清理或培養能量的練習後使用，也能隨時進行。如果覺得雙手擺出祈禱姿勢會很尷尬（例如在會議中），那只需要將雙手在桌下互扣即可。最重要的元素是手掌互碰。這在象徵意義上傳達出什麼都進不來也出不去的概念，因為手掌的表達和接受中心形成了一個連續的障礙。傳統上，左手被稱為接受手，右手被稱為表達手。但如果你的左手占主導地位，那你可能會希望扭轉這種情況。

只要合上雙手，就能將迴路關閉起來，保持自己的能量。

四：皮膚的象徵

皮膚是能量體邊界的隱喻，因為它們都位於相同的位置並執行相似的功能。這類似心輪雖然看不見也沒有實體，卻與實體心臟居住在同一區域並具有相似的特性。就像皮膚一樣，能量體的皮膚也有滲透性。與身體皮膚不同的是，能量皮膚還具有黏性，能包含、保護並讓你的能量產生形體。

你可以刻意將皮膚視為能量邊界的實體標誌，並使用特定的精油或藥草來保護它。鹽具有清潔效果，又能扎根接地，是一種保護。在淋浴或泡澡時用鹽當基底做成的磨砂膏有助於保護你的能量邊界。加入可以滿足你需求的精油或藥草，可以增強效果或更具體的意念。一如往常，在皮膚上使用任何精油或草藥之前，請檢查是否有健康和安全疑慮。如果你沒有特定的偏好，參考書目可以為你提供幫助。我鼓勵你用越簡單的方式越好。沒有理由去購買很多昂貴或奇特的精油和草藥。雪松和薰衣草是我最喜歡的保護用油。玫瑰精油常有人用，但因為我並不特別喜歡那個味道，所以我無法提供個人經驗。

鹽磨砂膏不是將香氣塗在皮膚上的唯一方法。用精油製成的乳液也很有用。在我的家鄉有一家店賣香皂、乳液、蠟燭和精油。他們出售的產品都有無香味的版本，再根據你的選擇加入客製的精油。選擇與保護或扎根相關的精油、嘗試不同的搭配來看看氣味和能量感受是如何。你甚至可以更進一步，像水的注入法一樣，在乳液瓶中放入一個小水晶來注入其特性。另外一個好處是，除了能量儲存和皮膚柔軟之外，整天聞一聞香氣有助於提醒你要有意識地留意周圍和內部的能量。

皮膚是身體最大的器官，既堅固又細緻。要好好照顧它，這樣它才能照顧你。

五：「好」和「不」的力量

正確使用「好」和「不」這兩個字，對儲存良好能量至關重要。能量的儲存集中在能量體的邊界上，這兩個小詞是確定和維持能量邊界的重要工具。當你對某事說「好」時，就表示你同意將精力花在你答應的事情上。我們都太常說「好」了，通常是因為擔心別人不高興或覺得有義務或愧疚感。這些都不是支持價值觀該有的原因，除非你的人生價值就是要確保除了你以外，沒有人會難過，或者是始終要履行別人的期望。對某件事說「好」之前，請先確保它符合你的信念和價值觀。如果不符合，那麼請用堅強且有自信的態度說「不」，以自己的能量和靈魂目的為優先考量。

拒絕可能是你所學到最困難的一件事。我之前很不會拒絕別人（現在還是一樣）。二〇一六年的秋天，我正在研究兩個非常大的專案，另一個也緊隨在後。這些專案需要大量的創意、精力和時間。我的塔羅牌讀牌練習也需要投入大量精力、關注力和時間。在那段時間裡，我選擇將所有的資源都投入到大型專案中，來彰顯這些大型專案的精神。這表示我至少得暫時取消讀牌服務。這是一個困難但正確的決定。更難的是，我不得不親自拒絕之前的客戶，即使我已經在網站上寫明我正在休假，而且沒有可以預訂讀牌的按鈕。但是，能夠專心處理重要的專案，對工作和我自己的能量和諧都是有益的。

這並不表示我們可以拒絕任何不想做的事情。能量工作和修身養性需要負責任的洞察力，而不是幼稚的放縱。只有你能對自己的能量負責。確保你的「好」與「不」始終如一地縮小了你與你希望活出的價值觀之間的距離。凡是有好有壞，成為一個成熟、健康的人也是如此。用能夠表達你真實靈魂目的的方式來運用你的語言。

清除了不適合你生命目的的能量，並開發了確保其安全的方法之後，你大概感覺非常好。很多人有一種輕鬆、專心、焦慮減輕，甚至深深的平靜感。意識到帶著那麼多不需要的能量是多麼令人沮喪的事，真是太不得了了。好好品味這些感覺，並知道這才是你（生來就）該有的感覺。

這種感覺非常美妙，但更棒的還在後頭。你已經在能量體內騰出了一定的空間，並且學習如何管理邊界，現在就可以進一步培養自己想要的東西。接下來才令人興奮。至少對我來說，能量培養就像雪球一樣。我從一點小慾望開始，盡我所能地餵養它，並確保它的安全。它倍數增長，讓我充滿了我從來都不知道自己有的無限潛力。很酷的事情是，這並不困難，而且效果很快，因此很容易大受鼓舞，也很容易繼續練習。

【筆記時間】

一、哪一個技巧是你迫不及待想嘗試的？為什麼？

二、有哪一個是你永遠都不想嘗試的嗎？為什麼？

三、要拒絕做不符合你價值觀的事情，你的感覺如何？

四、考慮在本週發誓尊重你的靈魂目的，拒絕你平常可能會因為恐懼或出於義務答應，但其實不符合你價值觀的事情。

培養

清理和儲存都是重要且必要的。如果沒有明確的基礎和安全的空間來保留新能量，那培養能量就毫無用處。但我必須說，培養是我最喜歡的能量工作。也許是因為我打從心底就是個喜歡創造的人……其實，每個人都是創造者。我們是天生的表現機器，甚至在小時候，我們就對自己做的東西感到自豪和興奮。透過培養練習，我們選擇了想要在生活和世界中展現的能量，然後進行培養。這包括消除任何會減少能量的東西，並盡量擁有會增強能量的東西。

用清晰、有控制的能量體來培養能量時，我們就有機會創造自己。培養是一種創作行為。我故意使用**培養**而不是**保持**這個詞是因為保持意味著要維持現狀。由於人類的心靈具有實體經驗，我們注定一直處於運動狀態，不斷變化，不停地朝著理想前進。

總的來說，能量工作非常活躍，因為我們不斷地解放和重建自己。在舊自我和新自我之間的空間——也就是此時此刻及每一刻——是你創造未來的自我並影響世界未來的空間。

有人說過去會影響未來，確實是如此。但是過去和未來一樣具有延展性。我們可以選擇講述自己過去的故事，檢視過去是良好能量工作的一部分。我們可以為未來播下種子。另外，因為我的想法在很大程度上基於「其下如其上；其上如其下」的原則，因此這些技巧通常對平凡／實際生活有益，也對我們的能量體有好處。

接下來要討論的一些重點與清理與儲存的部分不同。前面的部分描述了可以在許多不同情況下應用的實際做法。能量培養需要有個性的方法。這裡介紹的類別描述了培養能量的有力點子，是你可以探索的主題，並能在你發展個人的練習方法時使用。具體來說，我們會討論你在身體和心理所消耗的東西如何與能量和諧有關聯。我們擁有的物品在能量工作中發揮著重要作用。我們將看到混亂和感恩如何成為有用的工具。最後，我們將揭露持續練習的重要性和心智的力量。但首先，我們要先看看之前在清理部分談到的兩種基本練習：呼吸法和水晶。這兩種練習簡單又有效，是能立即開始培養你想要的能量的絕佳方法。

一：呼吸法

我們已經討論過呼吸法，因此不必贅述太多。你已經知道，吐氣用於清除能量。清除之後，我們會閉氣止息。現在要來培養能量，也就是吸入能量，因此我們要把重點放在吸氣。將清理和培養與呼吸法結合是一件非常好的事情，因為它們確實是相輔相成的。你可以清除能量空間，然後立即用所需的空間填充它。舉例來說，你可以呼出焦慮、吸入平靜。

開始之前，請先確定要培養的能量是什麼，或者邀請它你進入能量體內。這時如果能鎖定特定的能量，而不是簡單地用「好」或「壞」能量，就能派上用場。你正在訓練自己精確地培養自己想要的東西。

使用呼吸培養能量時，請照著以下步驟：

一、吐氣，數三下。

二、吸氣，數五下。

三、閉氣，數三到五下。

最後的閉氣能帶入你所需要的能量。做幾次緩慢深長的刻意呼吸，利用吸氣來幫助你分解停滯的能量。做完最後一輪後，閉氣時間越久越好——但最多不超過五下。

二：水晶

與呼吸法一樣，我們已經討論過水晶的好處。正如有些水晶確實很適合用來清理或扎根接地，有些則擁有你可能想帶入生活的奇妙能量。常用的水晶是玫瑰石英，許多人說它能放射愛的能量。我曾用黃水晶來培養喜悅和豐富的能量。月光石非常適合開發直覺。同樣地，一本好的水晶書或者只是花一些時間與水晶培養感情，能幫助你確定哪些水晶可以帶來你所尋找的能量。

使用水晶培養能量很容易。只要將其放在皮夾、包包或口袋中即可。有時你會發現用各種寶石製成的珠寶既有裝飾用途又實用。

三：刻意消費

這個話題的範圍很廣，所以我們會花很多時間探討。現在的文化告訴我們，我們最重要的功能就是消費。擺脫這種身分幾乎是不可能的，但是我們可以從更加關心開始，看看我們把哪些東西帶入身體、心靈和能量層面的生活中。想想你所購買的一切，並問自己那些東西是否有益於你希望能蓬勃發展的能量，或者其實是在創造或餵養其他類型的能量。換句話說，你買的物品是讓你更接近實現自己的價值觀，還是將你的行為和信念之間的距離拉開了？當你斟酌要購買某種物品的能量營養價值時，請不要忘記它的創造地和創造方式與物品本身一樣，都是物品能量的一部分。也就是說，生產方法及其後果也是物品能量組成的一部分。

就從每個人都在想的事情開始吧——大家都在視而不見的問題：社群媒體和企業媒體。無論你是否參與過社群媒體，我們都非常熟悉。對於企業媒體，我指的是任何形式的新聞、行銷或娛樂，無論是視覺、音檔、印刷還是網路上的新聞。

想像一下你所消耗的所有東西，就算你只是瞥了一眼 Instagram 上帶有仇恨意味的哏圖，你就已經吸收掉它了——以能量粒子的形式滲透到你的能量體內。我們每天都要受到大量刺激，因此就算有可能，也很難維持界限並保持能量體的清晰。想像一下任何特定刺激為你提供的能量品質。你滑動畫面瀏覽標題和圖片時，每個人看起來好像都很小，所以對你的影響不大。

影響是會累積的。你可以周密地計劃你的媒體消耗，來加以利用影響會累積的這項特質，並小心餵養你想培養的能量。如果你所受到的刺激主要是煽動性、非黑即白、故意無知和膚淺的，那是否真的能滋養最能表達你靈魂目的和價值的能量？

針對新聞在我們生活中扮演的角色，我和朋友有過一些有趣的討論。當我說要遠離大多數新聞來源時，我的許多朋友和家人都抗議說，要成為好公民，就必須時時刻刻了解世界上發生的一切。我同意，但我將「好公民」定義為積極參與社會共同生活的人。

我認識大多數會說他們沉迷於新聞的人只是消極的消費者，而不是積極的參與者。他們會觀看或閱讀新聞，然後因為某人對別人做的事情感到非常沮喪。他們讀的是為了盡量創造出強烈情感反應所精心設計的標題和故事，因此他們吃進了這樣的毒藥，並對此做出了反應。除非加以清理，否則這會成為他們能量的一部分。但是大多數人都不會清理……或者我們會說，將不滿發洩或怒吼出來時，就是在進行清理。那並不是清理，只是在將這種能量進一步傳播到世界各地。對我來說，這不是一個好公民的行為。如果不確定自己是好公民還是消極的消費者，那就嘗試一下這個實驗。

下一次出現讓你真的很激動或使你表達出惡劣或判斷性評論的標題或新聞時，寫在紙上或是用電子的方式記錄下來。將筆記放進你的日曆中，設定在三個月後打開。我經常使用 Outlook（我的電子郵件程式）來做這件事。它能讓我建立某天會在桌面彈出的任務。當你三個月後打開彈出的筆記時，請加上你為了解決問題而積極嘗試的所有方式，或者看到新聞後影響你行為的方式。大多數人都會發現，在吸入毒藥並可能再散布到周圍之後，我們完全無動於衷。在那種情況下，保持知情對我們或整個世界都毫無助益。對於你正在使用的媒體以及為什麼要使用，都要小心，經過深思熟慮，更重要的，是要誠實。

當你避免接觸對自己有毒的事情時，一定要精心挑選你所攝取的是什麼，並選擇那些能滋養你的東西。你的選擇過程不只應該考慮內容或主題，更應該考慮傳達消息的方法。當前環境的一個陷阱是瀏覽而不是深入探究。我們不再閱讀有關某事的書，只會盯著標題和推文。「害怕錯過」（FOMO）的概念驅使我們瘋狂消費，因為害怕成為最後知道的人。可悲的是，這些標題和推文的目的是要引發反應，而不是引起深思熟慮的回應。它們的存在是為了讓你一直處在焦慮和不安的狀態，卻沒有提供足夠的事實或有建設性的分析。就像身體被迫依靠垃圾食品來生存一樣——就像吃垃圾食物的身體，理智體也會變得鬆弛，而我們具有辨別力的肌肉也會被廢棄。找到一口能滋養你的水井，並從中深深地喝一杯。

吸收這麼多沒有加以約束的媒體還有另一個危險，是我們前面討論過的東西：意念體。你如果吸收了夠多的任何特定能量，它就會定居下來並發揮影響力，進而限制了你的自由意志。或者更糟的是，沒有變成意念體，僥倖地成為獨立的實體——滲透到你的能量體中，並用你無意識選擇的方式改變你，沒有真正反映出你的價值觀或實現你的靈魂目的。

媒體不是影響能量體的唯一消費。我們購買或取得的有形產品在內部和外部都有能量上的後果。從外部來看，當我們以不符合核心價值觀的方式支持某家企業或公司時，就會把我們的價值觀轉向他們的價值觀。你從公司購買商品的行為在你和該公司之間建立了聯繫。此外，你還用自己的能量來支持和培養該公司的目標和行動。

當我想到每年購買的所有東西時，我都會不知所措。這是一項重要的責任，而且很複雜。這樣想就容易很多了：「哦，我永遠搞不清楚什麼是什麼，或者哪些公司符合我的道德準則，所以我根本不想管。」這就是我多年來的方式。幸運的是，我發現了另一種看待事物的方式，比較不會讓人覺得不知所措、更加真實，而且最重要的是，它朝著正確的方向前進，即使這只是一小步。每一季，我都會選擇一件我想改變自己購買習慣的東西，就一件。每三個月只進行一次改變，讓我有時間能弄清此舉的實用性，以及在我下一次更改之前有時間讓它變成習慣。也讓我有時間弄清改變所代表的含義。

舉例來說，我最近的改變是關於食物，尤其是肉和蛋。我吃的肉不多，所以看起來似乎不算什麼，轉變也很順利，要找到養殖方式和來源符合道德標準的肉類並不難。但是大約六個星期後，我意識到我正在購買與以前相同的熟食肉，因為不知道為什麼，熟食肉看起來就是不像肉之類的東西。一旦知道之後，我就改變了購買習慣。給自己足夠的時間來整合改變，可以減輕壓力，讓我執行得更加徹底並根據需要進行調整，最後將這個改變成為真正的實踐。

不想支持對動物實施暴行的企業化農場是改變這種做法的外部原因。在這種情況下，還有一個內部原因。我太太之前在堪薩斯州旅行，她得知圈養場的事情。即使我以前聽過這個詞，但我從不知道那確切是什麼。動物會在那裡被餵食，並度過生命的最後幾個月。最後那幾個月聽起來實在太恐怖了。我只能想像，經歷過這種生與死的動物，牠們的肉會充滿生存的痛苦。這可能是瘋話，但對我來說卻很真實。我不想將痛苦吃下肚。因此除了支持符合我價值觀的公司之外，至少在我看來，我正在以對我來說更合適的方式攝取實體和抽象的能量來滋養我的肉體和能量體。

食物的攝取很容易改變，尤其是當你只吃某種特定類型的食物或一個食物群時更是如此。它具有支持內部和外部能量目標的好處。但是食物並不是我們做出的唯一消費選擇。你可以進一步檢視你所購買的任何產品或租用的任何服務，並且或許能改變消費習慣來更加符合你的目標。除了媒體和食物，衣服是我進行此類改變的另一個領域。如果以剝削人類或耗盡地球的方式製造衣服而又不去補充地球資源，那這些物品就會攜帶這種能量。你將能量體包裹在這些衣服的能量中。盡可能確保衣服的能量帶給你的是你想要攝取的營養。

有些領域要討論起來會讓我比較緊張，那就是美髮產品和美術用品。我的分享是為了要讓你知道這不是全有或全無的做法。無論多麼小，任何進展都是有益的，而且長遠來看，會產生更大的影響。這並不總是那麼容易，我們也並非完美，但我們總是可以朝著自己想成為的方向邁進。你甚至不必寫出關於這個主題的完美書籍。大家都在同一艘船上，找到自己的方法，並盡可能互相幫助。

完美主義常常是一個陰險的概念，會使我們感到失敗或乾脆放棄。我畢生追求完美，所以知道這是一個負擔。更重要的是，它很少支持我以優雅的方式達到自己的最佳狀態。關於飛機的那個有趣事實確實引起了共鳴。請記住，飛機在飛行時，有九成的時間是偏離航線的，其餘一成的時間都花在了糾正路線上。這表示，精確飛在航線上的時間是零，但是飛機幾乎總會到達目的地。我們可以從這個故事中學到一課。我們的理想和價值觀是我們想要達到的目標。這段旅途不會順遂、完美，所以我們要用輕鬆且充滿愛的態度，在生活中不斷修正自己的思想和行為。

四：你所有的東西

我們確實喜歡自己的所有物。有時因為那些東西的美麗、實用性或情感價值而愛它們。有時是因為我們被教導要愛它們。我們被告知要在學校努力念書，才能找到好工作，讓我們能夠買到使生活值得的所有東西，或者證明我們有多成功。我們要考慮購買的事物傳達給他人什麼樣的訊息、如何珍惜它們，以及為什麼一開始要購買。

讓我們面對現實吧：我們與事物的關係非常複雜。我們數十年來學到的是，除非有價格昂貴的罕見骨董，否則好即是多、新東西比舊版本好。事實上，近年大多數的消費品都被設計為可以更換的。這有助於資本消費主義繼續運轉。由於這似乎達到了狂熱的程度，因此有一種有趣的趨勢越來越受歡迎且吸引人：極簡主義。所以鐘擺從一種極端轉向另一種極端，極簡主義者爭相比較誰擁有最少的物品。

擁有物品就像生活中的大多數情況一樣，健康的平衡對我們最好。你擁有的物品數量完全取決於你；並沒有哪個理想數字能促進最佳的能量健康。因此要靠自己去思考取得的物品帶有什麼能量，除了要確定那種能量能滋養，使我們更接近理想以外，也要確定物品之間如何相互作用。

縱觀你目前擁有的東西，別人會怎麼形容你這個人？某個擁有很多衣服和個人護理用品，卻缺少書籍、音樂、文化和嗜好的人，可能會將所有精力集中在外部投射上，而忽視了滋養自己的內心生活。一個被成堆的書和紙包圍，櫥櫃卻空無一物的人，可能會把所有的精力都投入到自己的理智體上，而忽視了與能量世界一樣重要的實體世界。的確，萬物都相互關聯並具有價值。因此，不只單獨的物品會影響我們的能量，所有的物品加起來也會創造出能量環境。

試著從大局開始去看看你所擁有的物品是如何反映出你這個人、你的信念和理想。

如果有任何一個領域很明顯出問題（因為與你的價值觀不符），那麼這是一個很好的起點。問問自己，為什麼你在這些事情上投入過多金錢和空間，但這些事情並沒有反映出你想要成為的樣貌。決定你可以放開哪些東西，或可以進行哪種能量清理來放開這些東西。你可能會發現你釋放了某一類收藏的全部物品，或那一類當中的很多物品。完成了第一個區域之後，在家裡走動、到汽車和工作空間尋找與你想成為的人不匹配的事物，並把它們當作是了解自己和自己的傷口，以及貿然下結論的機會。如果一邊讀，一邊進行這項工作的話，請注意不要太過極端，急著想立刻清除乾淨。你現在只要把意識帶到問題上就好。我們繼續探索培養能量的特定領域時，就會開發出特定的技巧來仔細規劃周遭環境。

健康的環境因人而異。但是請記住，能量是要流動的，所以任何一個太滿的地方都會助長停滯。流動的量不只因人而異，也取決於我們生活的地方。我有個朋友將他家低樓層的小公寓出租。那裡有一部分在地下，而且長得像子宮，感覺比較像是一個安全的地方，沒有大量的能量流入和流出，但也沒有停滯，只是流動得非常緩慢而溫和。他租屋的那幾年，注意到租屋者都是女性，而且都剛結束長期困難的感情，甚至有些人遭受了暴力對待。租客待了夠長的時間來癒合傷痛之後就會離開，到別的地方繼續生活。對她們來說，那是當時完美合適的空間。

另一方面，如果有人想改變並朝著不同的方向改變生活，那麼釋放與舊生活息息相關的物品，並為新能量的進入創造足夠的空間會更合適。在能量工作中，沒有很多實際的規則可以適用於每個情況下的每個人。最好發展出自己的技巧來理解和管理能量，以便你針對自己的位置和想去的方向做出正確的決定。

你用來包圍自己的事物本身也包含了這些事物當中的物質。你如何對待、照顧、使用和思考你所擁有的事物也很重要。每樣東西都有自己的能量。你有自己的能量。只要彼此靠近，就會互相影響。你們的互動、你們的關係，本身就是一種能量培養。你會小心謹慎地對待你的東西，還是把它們丟掉，任由它們變髒或損壞？這種狀況會說明你對那樣物品帶進你生活的能量有多重視？為什麼你會擁有你不夠重視，因此不費心照顧的東西？在能量工作領域，要創造最終能量環境的重點不只是你所擁有的東西，還在於你如何擁有它。

人們不多加思索要如何照顧物品，甚至對它們處置不當的原因有很多。其中一個明顯的原因是，無論是在材料上，還是以時尚的角度來看（或者如大家所說的「流行」），物品都不是設計來長久使用的。我們可以問自己，用完即丟的物品是讓我們更接近實現自己的價值觀，還是將我們推得更遠，如此一來就能輕鬆解決這個問題。

另一個原因可能是，我們對這件物品感到非常失望，因為購買時，賣方說它會改變生活，但是卻沒有。行銷很仰賴實質物品可以完全改變生活的概念。當然，有些物品可能會改變你的生活，例如中央空調或眼鏡。但是這些奇妙的物品並不會改變你的一生。他們不能保證給你完整的幸福。無論物品多麼美妙，或是否能夠改變生活，事實上它們都不會讓你整體的生活變得更快樂。在尋求幸福的過程中，我們想相信正確的牛仔褲、靴子、香水、汽車、咖啡壺等東西能解決問題。這會讓你對物品抱有不切實際的期望，這是行銷團隊的錯，而不是物品本身的問題。如果你對生活中的物品抱有不公平的期望，請嘗試找出真正的需求源頭，才能找出真正滿足需求的東西。

五．有意識地加諸混亂

大多數的能量工作都致力於在內部和外部創造一個和平、平靜和穩定的環境。我們從個人經驗和神經科學的研究中，知道這種中間的振動面通常是著手處理的最佳場所。我們能更有能力去考慮事實，從更宏觀的角度看待問題，對狀況做出回應而不是反應。我們也知道，有時候需要脫離他人，與自己的思想、感情和能量安靜獨處。即使生活在悉心培養的穩定狀態下，偶爾的混亂也會激發創造力、提高解決問題的能力，並讓你用不同角度看待事情。你不必受停滯的苦，就能精心製造出一連串的混亂狀況。事實上，不時給生活增加意料之外的事，可能會是讓你的鎮定能量不會停滯的部分因素。透過有意識地決定做一些不同的事情，你就是在吸引惡作劇者的能量。

無論哪個時代或地方，惡作劇者是神話和故事中都會出現的原型人物，他代表了機會、運氣、驚喜和混亂等元素。當我們有意識地邀請這種能量時，就不太可能會被它所蒙蔽。如果我們變得太呆板，有時宇宙會發出一點衝力，來幫助我們振作起來。我們可能不見得每次都會喜歡宇宙在生命中選擇應用這種能量的方式和地點。

因此你可以考慮用特定的方式和領域帶入這種能量。藝術家會不斷透過嘗試各種挑戰來做到這一點，例如只用一定數量的顏色、隨機用不同的主題卡來繪畫，或是嘗試新技巧或媒介。

你可以透過簡單的方式來做這項練習。舉例來說，如果你在家附近散步時，習慣朝某個方向走，那就請走反方向，或換個方向。這聽起來很愚蠢，但至少對我確實有效。我都會繞著住家附近的一個湖遛狗。我們總是逆時針走，沒有特別的理由，只是因為一開始就是這樣走，而且從來沒改變過。直到有一天，我覺得換成順時針走應該會很有意思。剛開始會覺得有點不對勁，但後來讓我振奮不已。我那一整天都備受啟發，用不同的角度看待事物。

自己試試吧。換另一條路去上班。不要用即時訊息或簡訊，改用真實的紙來寫信。嘗試完全不同的運動或瑜伽序列。讀你通常不會讀的書。將頭髮換邊旁分。兩隻腳穿不同的襪子或兩邊耳朵戴不同的耳環。換一張椅子或沙發坐。無論你決定嘗試什麼，都要有意識地去做；注意你的能量，看看它如何變化。透過實驗，你就會找到可以立即使用的方式，然後在需要時以精確的方式做改變。

六：感激

大多數人都聽說過感激的巨大力量，而且很多人都看過這種感激之情在我們自己或他人的生活中產生什麼作用。我有個朋友練習在每個星期五都寫下她感激的三件事，持續了至少兩年。她每週會傳電子郵件將感激的事發送給我，以確保自己負責。隨著每個月過去，她的感激清單通常平均會有十件事。她是在瀕臨崩潰的時候開始練習的，她當時只是需要一個救生圈讓她堅持下去，直到一切平靜下來。但即使她已經找到更穩固的立足點，還是堅持繼續做，因為好處顯而易見。

我已經不只一次提到對應原理。只要能充分理解，而且不被用來為消費主義或逃避現實主義辯護，吸引力法則也是有用的原則。它解釋了為什麼感恩練習如此強大。重點並不是你專注的事情或實際感激的事情，而是表達感激的這個行為。當你的能量以感激的頻率振動時，你會邀請更多的機會來表達感激之情。透過培養感激的心，你就能學會用不同的眼光看世界。你學會在萬物中找到祝福。

七：持續小行動的力量

這個想法雖然已經提過，但是非常重要，所以我們應該再花一點時間了解。就像刷牙、吃東西、運動或睡覺這種事情，我們不會一輩子只做一次就覺得夠了一樣，我們也不會一次就能完成能量體的清理、儲存或培養。總的來說，我們的能量——精確來說是我們的能量體——是一個生命實體，因此需要不斷關注才能蓬勃發展。即使這一點寫在「培養」的標題下，其實也包括清理和儲存。當一切都息息相關時，要將各個方面劃分開就不總是那麼容易。劃分有助於分解複雜的構想並解釋如何把事情做好，但也很容易做過頭，尤其這並不是當下最好的辦法。從最廣泛的意義上講，培養包括清理和儲存。

我們的生活非常忙碌，以至於似乎不可能在行程中多增加一個例行公事，或是在已經滿載的待辦事項上多寫下一個任務。這是現代生活使能量工作變得如此有挑戰性的其中方面，這也是它如此重要的原因之一。幸運的是，能量意識可以很自然地融入生活，並疊加到我們每天已經在做的事情上。

在你發展個人能量練習的過程中，請記住，長遠來看，比起一個宏偉的大動作，持續的小行動能更有效地創造更大、更深刻的變化。將能量工作視為日常生活中自然而不突兀的一部分會比較合理，而不是需要花超過十五分鐘做數種技巧，並且必須在特定時間、特定空間中完成的複雜日常儀式。

事實上，如果你願意，不要從要求自己每天做某件事開始。相反地，想出一個你希望改變的重複模式，不一定是每天做，只要定期發生就好。舉例來說，如果你和我一樣，在排隊等待或遇到塞車時會急躁不已，請向自己保證，在那一刻，你會做一些簡單的呼吸練習。隨時隨地走路的時候，即使只是穿過辦公室的走廊或雜貨店的通道，都可以釋放能量。可以在刷牙、洗碗或摺衣服時進行觀想。從一件事開始，讓它慢慢成為你生活的一部分。避免為了有巨大變化或行動，給自己帶來太大的壓力，因為那只會使人感到陌生和不自然。你的能量是自然的。你很自然。讓你與能量的關係自然和平地發展。慢慢了解它，就像你對待一個以後會非常要好的朋友一樣。我向你保證，只要將一種能量技巧增加到生活中，就能帶你朝正確的方向前進。

八：祈禱、沉思、冥想

這裡介紹的許多培養技巧都是關注外部的，因為我相信環境是內在生活的反映，並且也影響著我們的內在體驗。這種共生關係是雙向的。你可以把腦中的想法快樂地釋放掉，也可以邀請它們加入、關注、培養它們……簡而言之，你可以餵養它們，讓它們更有力量和能力來影響你的能量。這可能對我們有害，也可能對我們有利。我不清楚你的情況如何，但我對此非常熟練。可怕的想法會隨機在我的腦中浮現，我可以抓住它，並像以前從未見過的那種執著強迫餵養它。很快地，那個想法已經充分發展出一千種最壞的情況，並將焦慮、恐懼的能量流竄到我的全身，直到我覺得自己完全就是那樣的人。如果你也有這種經驗，打起精神，因為這表示你擁有出色的技能和能力。透過一點有意識地控制和紀律，你就可以將你的才能重新集中在培養讓你更接近理想的能量上。

祈禱、沉思和冥想之間是有差異的，但這些做法都是為了將注意力集中在特定事物上，也就是我們祈禱、沉思和冥想的對象。我聽瑜伽和冥想老師說過，如果你的思想正試圖吸引你的注意力，那就要意識到思想只不過是建議。只因為你的腦袋提出了建議，並不代表你必須接受。相反地，你可以將注意力轉移到呼吸上。無論你是在練習瑜伽，或只是度過一天，你都可以決定要把能量提供給哪些想法，以及要忽略哪些。祈禱、沉思、冥想，甚至是寫日記這樣的培養練習，都讓你有機會有意識、謹慎地選擇一種想法或能量類型來加以餵養。

就像能量工作的許多方面一樣，祈禱、沉思或冥想都是雙向的。當你專注於自己選擇的價值或想法，例如寬恕好了，那你就會在能量體內滋養寬恕的能量。同時，當你祈禱或思考寬恕時，你會學到更多相關的知識——其複雜性、各種表現方式、後果和可能性。它會在你的內在變得越來越強大，你對它的理解也會越來越強大。

將你大量的精神能量和技巧運用到你的價值觀上，其實是一種簡單有效的方法，讓你能培養你生活中想要的能量。我們都知道要如何思考。不只如何思考，但如果剛才那個執著於最壞情況清單的例子讓你心有戚戚焉，那麼你就知道如何往好的方面思考。就像《哈利波特》中的孩子一樣，他們具有魔法力量，只是不知道自己的能力，或不知道如何引導和控制，所以你所需要的只是一點指引、一點紀律和大量練習。你可以將那些全交給自己。用你的價值觀當作指導，致力於控制自己的能量，並發展出能剛好融入生活的做法，就可以熟練地培養出最能滿足你靈魂目的的能量。

既然你學到了一些清理、儲存和培養能量體的方法，在下一章中，我們將討論什麼時候適合選擇什麼樣的練習，以及為什麼。如你所見，練習並不困難；知道何時使用以及原因才比較有挑戰性。你必須對自己誠實、帶著同情心地自我檢視，你也可能會發現多年來使你駐足不前的一些恐懼、創傷或觸發因素。但是你很勇敢。你值得經歷這一切。你辦得到，你天生就是自由的。

【筆記時間】

哪一個培養練習引起你的共鳴，為什麼？

一、有沒有哪一個練習是你迫不及待想探索的？

二、有沒有哪一個練習讓你咬緊牙關、封閉起來或感到恐懼？我發現那種反應是反思的絕佳機會。

嘗試在生活中增加一個簡單的培養練習。可以是很簡單的練習，例如在瘋狂的會議中靜靜地做呼吸法、攜帶水晶來促進仁慈體貼的行為、承諾在開車時培養平靜與放鬆的態度，或者在刷牙時思考讓你感恩的事情。

CHAPTER 5
準備清理

人類是如此複雜的生物，我們對自己和自己的行為模式所知甚少，能量工作或抽象概念更是如此。不過老實說，就算是西方科學，也有很多事物難以理解，因為我們不見得總是清楚有哪些事情是自己不知道的。透過學習、練習、實驗和個人經驗，我們就能盡力找出最適合自己的方法。與能量體相關的模型和哲學有很多。根據我的經驗，我們的身體、思想、情感、心靈和能量體之間沒有具體的分離，萬物都是相連的。

關於想法導致情緒，或是情緒如何影響想法的理論有很多。與大多數的事情一樣，真相可能就在其中。情緒和想法可以相互影響。同樣地，情感經驗能帶來心靈上的啟示，因此改變我們的想法，進而改變我們的行動。至少對我而言，身體的狀態絕對可以影響我的情緒或想法。把這些概念清楚區分開來，有時候能讓人比較容易理解，但是我們應該要小心不要為了簡化解釋而犧牲了真理。生存是一種非常自然的整體經驗，如果不謹慎，就隨意將制式概念強加上去，那會弊大於利。

根源的重要性

儘管你可以根據反思和直覺來執行前幾章中介紹的技巧，但是如果你能更深入了解自己的內在，就能使工作更加精確。深入研究還有額外的好處：會提高找出需要清理的能量根源可能性。核心問題沒有解決，你就會陷入循環，在事情發生時，只是清理表面而已。我們的最終目標是要清理你過去的經驗所引起的主要能量問題，以使你盡可能不受那個經驗所控制。

這項工作需要時間和努力，但最後的成果會讓你有能力應對日常出現的能量問題。雖然我很鼓勵你面對較大的問題，但建議還是從較小的問題開始會比較好，原因有幾個。處理小問題比較不會讓人不知所措，也可以為後續的工作提供良好的訓練。當你有了成功的經驗，並獲得小步驟所帶來的好處，在繼續面對更具挑戰性的問題時，就會更有信心，能乘勝追擊。舉例來說，探索你為什麼對塞車不耐煩，可能比解決與父母之間的問題更容易。

有時候用比喻的會比較容易解釋抽象概念。想像一棟非常骯髒的房子裡不僅充滿了雜亂物品，而且角落、縫隙和塗層表面都積聚了多年的污垢。你可以四處走動，把東西移開，甚至可以用抹布把一些區域擦一擦，看起來或許會好一點，但是直到所有的雜物被清除，污垢都擦乾淨，房屋才會真正變得乾淨。混亂會吸引更多混亂，你就難以找到需要的東西。在這種地方生活會變得沉重且難以承受。在這種情況下生活，就像能量工作只做表面功夫，偶爾用鼠尾草清清自己或房子一樣，雖然多少會有點幫助，但不會深入，也不會持久。然而，如果你把所有的東西整理好，深度清理住家環境，那你的生活會更加順暢，也更容易保持空間的整潔。

本章將回顧個人能量工作的好處和目標。我們將討論陰影的性質以及如何從陰影中找到問題區域的線索。在接下來的兩章中、這將幫助我們學習識別和清理能量障礙以及不健康的循環。

能量工作的好處

你會發現能量工作讓生活變得輕鬆了，但其實真正的寶貴之處在於使你成為天生注定要成為的人。良好的能量可以讓你自由地生活並活出自己的價值觀。能量工作可以帶來轉變，讓你過去的經驗和創傷成為教訓，充實現在的自我。清理能量可以使你多年來因為家庭和社會條件而被埋藏的價值觀更加清晰明瞭，幫助你找出真正的熱忱所在，而不是盲目地繼續做著你其實沒有熱忱的事情。這不只能幫助你了解自己，也能幫助你成為真實的自己。

你知道（或至少有一部分的你知道）自己該成為什麼樣的人，只是你也許以為自己不知道。你的理想自我存在於你最深的價值觀和最鍾愛的理想中，但是這些是什麼，只有你自己知道。當你擺脫與自己的價值觀牴觸的能量時，你可能會發現你的價值觀變得更加完善了。這是能量清理的常見結果。我們都知道，生活是一段朝著目標邁進的旅程。目的地並不是這些目標的實現，而是你當前的自我和未來的自我之間持續的關係。

能量工作的反思能讓你吸收以前的傷口、偏見和觸發因素，並加以轉化，從而創造出肥沃的土壤，讓你的未來自我能從中茁壯。

個人能量工作除了能夠讓我們自由地生活和找出真正的價值觀以外，另一個好處是，能讓我們相信自己的願望能夠實現。我們經常聽到「跟隨熱忱」這樣的建議。熱忱和願望是引導我們生活的好方法。能量不和諧時會遇到問題是因為我們的熱忱被污染，因此不值得信賴。

在依格納（Ignatian）靈修派別中（耶穌會的創始人羅耀拉・依納爵（Ignatius of Loyola）創造的一種以日常生活為中心的心靈練習，有個失序依附（agarra contra）的概念。）想達到能量自由的現代人還是能夠受益於依納爵的教誨。他認為，為了做出明智的決定，使你能夠遵循天主的旨意（這是天主教的用語，類似我們所說的「靈魂目的」），你必須能夠識別出什麼是有序的依附，以及什麼是失序的依附。有序的依附能使你與神更加接近，而失序的依附則會使你離神更遠。同樣地，我們在熱忱和慾望上的能量和諧可以使我們更加接近自由、活出價值觀，而被污染的熱忱和慾望則會造成與自由和價值觀的差距越來越大。因此，如果你曾經因為「跟隨熱忱」這個誘人的建議而感到失望，那麼你可以在清理能量後，並再次信任你的慾望時，重新找回那種積極的感覺。

我們的社會並沒有真正能幫助我們從童年過渡到成年的啟蒙儀式。因此童年時代的許多創傷經歷就這樣跟著我們到了成年。這些過往的經歷造成了傷口和觸發因素，使我們做出反應，而不是對當前情況做出回應。如果不透過能量清理來處理和改變這些經歷，我們就會陷入無法活出自己價值觀和理想行為的惡性循環中，因此受制於過去，無法體驗真正的自由。

即使知道哪些創傷事件導致了問題，我們還是經常以此來為自己的行為找藉口，但這不該是藉口。這只是一種解釋。已經長大的我們有責任了解並解決問題。當然，這並不總是那麼容易。傷口會痛。過去的創傷令人恐懼。還有，長大後已經安於現況的我們要回顧往事，同時穩固地活在當下，確實是很困難的事。阻止根深蒂固的反應並保持中立需要強大的力量。但我們仍渴望變得完整、健康，將創傷轉變成養分並過著充實、自由的生活。轉變與能量工作一樣，有很多種形式。心理學、治療和靈修指引也是有效的方法，人們經常會從多方面同時處理。本書所述的能量工作借鑑了心理學、治療和各式各樣的靈修概念，以建立全面、有效的能量管理方法。

陰影

很多不當能量的產生和表達都來自陰影。在本節中，我們將建立對陰影的基本理解，這超乎了這個單字的一般意義。我們將開始探索清理陰影能夠如何釋放停滯的能量並展露出自己隱藏起來的部分，開始了解到隱藏在陰影中的寶藏可能不如我們原先所想的那樣，以及重拾寶藏的重要性。

在心理學中，我們經常聽到或使用「陰影」或「陰影自我」(shadow self) 一詞來描述因為各種原因而被我們貶低並與身分分離的部分自我。不幸的是，**陰影**的引申意思就是「黑暗」。這使我們相信陰影自我就是黑暗自我，並且只包含我們可能會認為是負面的特徵，例如憤怒或恐懼。更細微的理解是，陰影還包含通常被認為是正面的特質。因此，我們使用「明亮的陰影」一詞來區分這些所謂的負面和正面的特質。但是，標記和區分這些特質是沒有必要的，因為那不只會使事情變得複雜，也會助長我們有好、壞之分的想法，這不一定是準確的。重要的是，隱藏在陰影中的東西會導致停滯不前。

更進一步探討，我們通常認為陰影是分離的結果，而不是需要整合的一部分自我，這是非常重要的區別。舉例來說，我們可能意識到自己在表達憤怒時有困難，並得出結論說我們的憤怒處在陰影中。事實是，可能是也可能不是。比較有可能的情況是，隱藏了真正寶藏的地方是與憤怒背後的故事，而不是憤怒本身，而那也就是自己失落的部分。無論我們稱其為陰影工作、靈魂恢復還是能量清理，我們都是在重拾自己需要成為真正自我的部分。辨別出感受或想法背後的故事以及感受或想法本身之間的差異，在接下來的兩章中非常重要。

比起「陰影自我」，我比較喜歡從薩滿老師克里斯蒂娜・普拉特（Christina Pratt）那裡學到的「陰影壁櫥」（shadow closet）。陰影壁櫥是你放置遭受創傷部位的地方。所謂創傷，是指從輕到重的各種受傷經驗。如果你想處理的是非常重大的創傷，則應與受過訓練的專業人士合作，來改變這些經歷。但是大多數人要處理的都是較常見的日常創傷，因此足以自己應付。請好好判斷哪些是自己應付得來的，哪些是自己無法處理的。

允許事物隱藏在壁櫥中會造成另一個問題。你天生就具備了實現靈魂目的的所有部分——也就是說，你可以過著反映自己價值觀的生活。但我們難以實現自己理想的其中一個原因，是因為缺少一些重要的部分。無論是人還是物，只要缺少基本要素，就無法按照預期的方式運作。因此，清理能量很重要（我認為是必要的）部分就是清空壁櫥。在這裡，你會發現你之所以會有特定反應的根源是什麼，而這個原因使你無法變成你想成為的模樣。事實上，如果你真的覺得不清楚自己的靈魂目的是什麼（也就是無法確定自己最深的價值），那可能是你知道的那個部分被創傷所隔離，並隱藏在陰影壁櫥中。

陰影壁櫥的雜物中有線索

我們即將深入探討要如何辨識需要釋放的東西，但在進行這項密集的個人工作之前，我們先聽聽伊莉莎白・吉兒伯特（Elizabeth Gilbert）激勵人心的一段話。在她的播客節目《魔法課》（Magic Lessons）中，她談到創造力，但我們可以將同樣的智慧運用到價值觀、創造力和其他方面。[5] 在吉兒伯特的播客中，她幫助人們發現、獲取、表達或發展創造力。當人們為了無法騰出空間來表彰和表達自己的創造力而找藉口時，吉兒伯特建議我們，必須愛上自己的創造力，而我認為我們必須愛上自己的理想。她邀請我們記住自己瘋狂、熱烈地愛著某個人的時候，那時候，我們有多常為了與愛人相處那短短的五分鐘，排除萬難地重新安排生活和行程？那時候，沒有比與愛人見面更重要的事。現在，當我們試圖活出自己最深的價值觀時，這也該被視為最重要的事。

如果你一直難以釋放能量和天賦，那麼你會發現唯一給你帶來麻煩的，就是你無法實現自己的理想。其實還有更大的風險，不只攸關你個人。你生來就有獨特的天賦；此刻世界最需要你的天賦——只有你才能提供的良藥。我們做這項工作是為了自己，也是為了這個世界。但是有時候，我們對於自己宣稱的價值觀並不充滿熱情。此外，我們有時候甚至不確定自己到底有什麼理想。當你開始清理陰影壁櫥時，你將會移除掉那些讓你與清晰理解和深切之愛分隔開來的層次、故事和謊言。

你的價值觀、理想、情感和思想都是能量。即使看不到，我們也可以感受到它的影響。尋找生活中停滯的能量，就能開始找出隱藏在壁櫥中的寶藏。這些是線索。停滯的能量會產生能量循環，表現出重複的行為。一旦我們辨識出周期性的行為、感覺或想法，就可以將它們當作指引，來尋找需要清理或釋放的能量。我們最壞、最丟臉、最痛苦的行為會成為我們活出生命所必須具備的藏寶圖，讓我們能夠活出注定要有的樣貌：能夠在世界上表達天賦的自由生物。

把重點放在情緒和精神行為似乎比較像是心理性的，而非能量上的，但以我的經驗來看，一切都有關聯。對於我們這些對超自然力不敏感的人來說，我還沒有學會其他能消除個人能量的可靠方法。儘管對超自然力敏感，或是能量工作者可以幫助你發現根本的問題，但只有你能進行實際的清理工作。

辨識出自己陰影壁櫥中的內容，能讓你主動採取必要的行動，並重複必要的工作，直到釋放出所有重要的天賦為止。善於清理、儲存和培養能量，可以更輕鬆地持續照顧自己，讓能量變得旺盛又健壯。你將擴大自己的舒適圈，以便在任何情況下都能以自己真正想要的方式做事。此外，你能夠更快注意到不平衡或新出現的問題，以便在它們成為成熟的傷口、偏見或觸發因素之前就清理掉。我們將從情感線索開始探索，然後再轉到心理線索。

5 伊莉莎白・吉兒伯特，播客節目《魔法課》〈性感、骯髒、下流、邪惡〉，二〇一六年七月二十五日 https://www.elizabethgilbert.com/magic-lessons/

CHAPTER 6
辨識情感障礙

尋找情感線索是很重要的工作。面對我們最黑暗的部分需要極大的勇氣。除了勇氣，我們還應該準備以愛來對待自己。愛是誠實、耐心和善良的，這是這段旅程中不可或缺的特質。本章有一些關鍵的想法來引導你。其中一項最重要的是情緒反應和情緒回應之間的區別。我們將討論三種情感狀態：接受、否認和放縱。利用這些線索在我們的陰影中尋找寶藏，我們將識別附加在情緒背後的故事並釋放寶藏。本章包含一些練習，幫助你逐步完成這個過程。

從愛開始

要成為擁有成熟能量的大人，我們必須願意對自己誠實。這表示要觀察和分析自己的行為，尤其是我們可能認為的「不良」行為。我們需要誠實，但是不必殘酷無情。把時間花在具有批判性的反思上，或許會使一些人陷入自責的陷阱。這不該在能量健康上占有一席之地，事實上，這是我們之後會探討的一個心理線索。現在你只要記住，要以充滿愛心和同情心的方式進行這項工作即可。用對待摯友一樣的方式對待自己。洞察力固然重要，但批判卻很危險。批判會引起指責和分離，而洞察力能促進理解和清晰。批判反映出的是不安全感；洞察力則會帶出希望使事物和諧的願望。

你或許跟我一樣，回應某些情況的方式不總是反映著你的信念。相反地，傷口、偏見和觸發因素會引起未經思考就做出的反應，至少在我看來，這會導致情況加劇，或者使我感到羞愧，之後感到難過。當我說「傷口和觸發因素」時，我並不是指那些導致真正創傷後壓力症候群的重大創傷經歷。我說的是我們為自己每天的不良行為所找的藉口。傷口和觸發因素是這種行為的解釋，而不是藉口。身為大人，一旦我們認為某件事是傷口、觸發因素或偏見，我們就有責任治癒和改變它。如果不這麼做，我們就是用成年身體四處走動的受傷兒童，用可能造成會嚴重傷害的言行武裝著自己。當我們帶著傷痛過日子，就會受到過去的經歷所控制。我們每次做出源自於那些傷口的行為時，就是再次經歷原本的創傷。

愛人之前必須先愛自己。慈愛的人不會故意逼迫別人不斷經歷可怕的遭遇，並任由那樣的經歷去控制生活。消除這類的情感創傷是一種自愛的行為，能使我們更加自由、更有自信地過生活，因為我們知道自己在各種情況下都能泰然自若，並且仍保有自己的中心。

反應與回應

有一種簡單方法能判斷你的情感反應背後是否帶著附加故事：你對某事的反應太過激動，與現實情況不成比例。無論你是退縮、暴走還是哭泣，只要你的行為與實際情況不符，或與你的價值觀不符，那就要特別注意。練習注意這些時刻。能夠觀察到這些片刻就是進行反思的良好訓練。這也是清理壁櫥的第一步。剛開始時，不必急著想立刻改變自己。讓我們面對現實吧：在情緒崩潰的情況下嘗試解決問題大概是行不通的，至少一開始就這樣做會行不通。

我們的目標是在採取行動之前，就將反應轉變為回應，但是現階段只要開始注意自己的行為即可。一旦適應了，你就可以努力使自己退後一步，並有意識地選擇應對的方式，而不只是直覺地做出反應。

情感狀態

為了找出可能讓我們的天賦困在壁櫥中的情感線索，我們需要了解不同的情感狀態。最能幫助我理解和分析問題的三個狀態是：（一）接受、（二）否認、（三）放縱。接受是理想的狀態，否認和放縱是找出需要處理問題的關鍵。否認和放縱的情感並不是獨自存在的。相反地，它們與我們講述給自己聽的故事有關。情感反應就像一個路標。我們可以依循著附加在情緒背後的故事找出問題根源。這個根源把寶藏或天賦藏起來了，但是我們只要仔細評估就能解開。

【筆記時間】

開始追蹤與真實情況不成比例的情感反應。你可以請親朋好友溫柔地幫助你，因為我們並不總是知道自己的反應有多強烈。

一、情感接受

在我們處理否認和放縱的問題之前，先談談接受吧。情感接受並不是一種問題，而是我們希望透過能量清理來達到的狀態。接受既不是否認，也不是放縱的情緒感受。相反地，這是一種讓你自己感受、識別和觀察情緒的行為，最終能引導你走出來。唯有能夠感受、識別並觀察到這種情緒，才能讓它指引我們；否則就只是一種束縛。接受與放縱、否認之間有兩個很大的差別。第一，真正的接受，不會有故事附加在情緒背後，因此也不存在批判。第二，只有處在接受的狀態下，我們才能真正感受到情感。

開始進行這項工作之初，我發現自己很少處在情感接受的狀態下，這讓我非常震驚。現在我慢慢培養一個有助於情感接受的能量體，即使我感覺到更多的情感，但很驚人的是，我反而感覺更加輕盈、自由。我們帶著痛苦生活了這麼久，以至於我們忘記了無痛的感覺，真是令人難過。但是要到達這個境界，還需要完成更多的工作和經歷更多的痛苦。但好消息是，在你處理完陰影壁櫥裡的東西之後，你就不必一次又一次地重新經歷痛苦。你可以將所有的情感當成是自然的體驗，不會感覺到以前用來譴責自己並使自己陷入束縛的故事，以及批判的能量。

【筆記時間】

當你處在情感接受的狀態時，開始追蹤。這很重要，因為了解情感接受的感受，能幫助你在否認和放縱時意識到自己的狀態。意識到情感接受的狀態在一開始可能會是個挑戰，這大概是因為我們對它不太熟悉，或者不怎麼留意。學會辨識出這種狀態是必要的，尤其是當我們進展到否認和放縱狀態時更是如此。這裡有一些技巧可能有所幫助。你處在情感接受狀態時，可能會是以下的情況：

一、你全神貫注在當下，不思考過去或未來。

二、你辨識出情緒，但沒有將它判斷為「好」或「壞」。
三、你並沒有將現在感受到的情緒怪罪或歸功於某人或某事。
四、你以好奇心甚至欽佩的心情來對待這個情緒。
五、你不會在情緒上附加故事。附加故事大概像這樣：你有次在會議中提出了一個想法，但其他人的反應不如你的期待。你覺得被團隊否認了，然後就假設其他人全都在某種程度上反對你，甚至覺得自己一文不值。這樣的故事就像是從短暫的情緒中得出更廣泛的結論——這個結論在邏輯上或現實上並不一定合理。

二：情感否認

當你發展出觀察自己的技巧時，開始判斷自己是處在否認還是放縱的狀態。我們大多數人都熟悉否認自己情緒的感受。我們一直聽說壓抑情緒是不健康的，也很容易意識到這一點確實是真的。壓抑的情緒被忽略了，隱藏在它們可能停滯的地方，而且會導致比當初更嚴重的問題。雖然有時候我們真的不知道自己在否認某種情緒，但通常我們都是知道的。我們可能不知道自己在否認哪種情緒，只是覺得讓人不舒服，所以寧願不給它命名，更不用說實際感覺到它。

壓抑情緒時，不只有當事人會注意到。壓抑的情緒是非常明顯的能量。也許有人清楚地感覺到我們好像不太對勁，會問：「怎麼了？你好像不太對勁。」我們回答：「沒什麼，我很好」時，很可能確實有些不對勁的地方，你並不好。在其他時候，我們可能會表達出實際上並沒有感受到的其他情緒，而那些了解我們的人總是看得出來，因此覺得被欺騙、被背叛。

問題在於我們經常自欺欺人。我們會否認是因為壓抑的情緒都已經夠麻煩了，現在感受到的這種情緒與附加的故事會引起痛苦、羞恥或恐懼，讓原有的情緒更沉重。那些感覺可能會導致焦慮，以至於我們完全逃避，雖然有時我們不知道實際的情緒是什麼，不過有時候自己是很清楚的。

【筆記時間】

你意識到自己處於情感否認的狀態時，開始追蹤記錄。你不必現在弄清楚為什麼有這種感受，或是當下的情況確實為何。如果你至少可以阻止自己否認的行為，並意識到自己在否認情緒，那就是朝著正確方向邁出的重要一步。在你明明不好的時候聲稱一切都很好，或者在生氣時卻說自己沒生氣的時候，特別留心，來辨識出情感否認。

情感否認的另一個指標比較微妙而且難以確認。你練習更注意自己的感受之後，當你用其他情緒替代真正的感受時，就能夠識別出情緒否認。出於某種原因，替代的情感比較容易被你接受。舉例來說，我以前生氣時會哭是因為難過比生氣更容易接受。

三、情緒放縱

在我們的文化中，大家常會搞混情緒放縱和接受，但接受是一種中立的觀察狀態。放縱是否認的另一個極端。因為我們對這個概念不熟悉，所以我們將花多一點時間來探究放縱狀態。

當我們處於情感放縱的狀態時，可能會發出很多情感能量，但是我們並沒有真正感受到這種情感。相反地，我們是在對自我批判或對他人的投射做出反應。這些反應源自於附加在情緒上的故事。情緒放縱喜歡替我們不成比例的反應找藉口或指責別人。透過發洩情緒和指責別人來分散注意力，會讓人更容易忽略感受情緒的練習。

大部分的情緒放縱可以透過週期性的行為模式識別出來。「觸發」、「經常抱怨的問題」、「當某人＿＿＿＿時我受不了」、「我很有同理心；我什麼都感受得到」、「那會惹我生氣」或者「我就是覺得她很討厭」這類的字眼都是很好的線索，透露出我們在用情感放縱來繞過實際情感。如果你發現自己對類似的事件做出同樣的反應，沒有意識到事件的不同之處，那麼你可能是任由壁櫥裡的東西恣意滋生出一個情感故事。

我舉個例子好了。有著健康能量體和成熟自我的人通常可以自嘲。不能接受無惡意的戲弄或無法看到自己做了傻事的人往往會激怒，認為自己遭到殘酷的嘲笑和貶低。他們的朋友會覺得困惑，因為那畢竟是大家感情很好才會開的玩笑。但是會生氣的人曾經有過被嘲笑的故事。他們沒有清理掉被嘲笑時的能量，而是假設自己的親友對他們有惡意和仇恨，因此重溫了那種經驗所引發的一系列可怕情緒。這些人永遠無法享受與他人親密和自在到可以互嘲的那種甜蜜、親密的體驗。

識別情感放縱的另一種方法情況是，當我們覺得自己很敏感，認為別人讓我們有某種感受，以至於覺得一切都好痛。你可能已經讀過或聽說過，我們不應該說「你說的話讓我覺得受傷」，而是該說「聽到你說的話，我好受傷」。但是實際上用哪種方式說都沒關係。重點還是情感的起因，而不是情感本身。說這些話的人要對自己所說的話負責，但如果並沒有惡意，那他們就會很兩難。他們可能會很困惑地說：「很抱歉讓你有這種感覺。」我看過有一些在情緒放縱的狀態下的人（包括我自己在內）會對這種反應感到非常沮喪。另一個可能的回應是「對不起」，這也不是正確的選擇，因為對方並沒有做錯任何事情，因此在某種程度上，道歉是不真誠的。更嚴重的是，這種道歉會使你無法正視真正的情緒。

對於別人說的話，你應該對自己的反應──更好的狀況是「回應」負責。這並不表示大家都可以說出卑鄙和可憎的話。我們在討論的並非有目的性的惡意言詞，而是在你覺得別人批評你，但實際上對方並沒有那種意思的情況。無論發生了什麼事，你都必須決定：你要受到過去的創傷所控制，並做出不成熟的反應；還是能夠有意識地評估情況，並以符合你的價值觀和信念的方式做出回應？我並不是說別人的言語或行為永遠不會傷害我們，有時對方是有意傷人，但有時只是無心的。但由於某些原因，許多人會直接將責任歸咎產生那種感覺的原因，而不是先反思之後在體驗真正的情緒。

我舉個例子吧。你的配偶全世界最愛你一個人（如果事實並非如此，那麼你就遇到了一個全然不同的問題）。你有天坐在沙發上看書，他經過的時候說了：「哦，你不是要去雜貨店嗎？」這樣一個沒有惡意的單純問題可能會使某些人出現防禦心，覺得受傷，並因此做出反應，讓配偶覺得困惑。你大吼大叫、噘嘴、跺腳、摔書、抓起鑰匙，憤怒的能量一波波朝你襲來，使你的配偶一臉茫然，而且有點怕你。我可以大膽假設這與你的價值觀不符，而且不是你希望對待你愛人的方式。這樣一個無辜的問題怎麼會造成你的痛苦，並導致你的價值觀徹底灰飛煙滅，忘記了配偶的這種問法，肯定是因為你在那之前就提到了購物的事情？

你並沒有停下來這樣想，而是直接跳到受傷的感受，並假設你的配偶正在批判你。在做出反應之前先反思，能夠鼓勵你問自己：你的配偶愛你，而且不會以這種挑釁的方式批評你，但你為什麼會假設他有這種不尋常的表現？

意識到這種行為是荒謬的，而且你對他們的話語下了錯誤的動機，你就能更深入地挖掘並意識到一種行為模式：每當有人質疑你做某件你認為是家事的事情時，都覺得暴躁。進一步的思考後，你可能會回想起以前沒有在一定時間內打掃房間而受到媽媽的處罰和批評。這是根本的原因，導致現在無論遇到什麼類似的情況，你都會因為覺得自己無緣無故受到嚴厲批評而覺得受傷，並出現防禦的行為。

追溯線索的根源並不是一件容易的事，不過在大多數時候，我們找出根源時，會覺得它是如此明顯。但是，由於這種模式是經過數年甚至數十年而建立的，所以我們看不到真正的情況。我們甚至在沒有意識到的情況下就受到控制。但是，一旦你知道這個故事存在於你的陰影壁櫥中，就可以將其刪除並釋放自己。

有趣的部分來了，這也是我們經常把陰影工作做錯的地方。你需要重拾的寶藏，與你該做家事的時候沒有做，或是隨時想去躺下的時候無關。我們需要更深入探索。你第一次沒有按時整理房間是因為什麼？你當時在讀書嗎？在做白日夢？還是在塗鴉？問題的答案就是隱藏的寶藏，是你需要拯救的部分，而它就埋藏在創傷、故事，以及如今已確立的行為模式中。

【筆記時間】

一、列出你認為自己特別討厭的事或是別人容易踩到雷的事情。開始留意這些事何時出現在你的生活中，並在日誌中追蹤。

二、特別注意不成比例或不一致的情緒反應。

◎問自己你所感受到的情緒是否合理。

◎你的理由（你告訴自己的故事）與現實相符嗎？

◎查看日誌，看看是否還有其他類似的情況，並識別出行為模式。

◎描述的時候請盡量寫清楚。例如：「只要有人提到我的鼻子，我的行為就很可笑。」

三、沉思或反思自己的生活，試圖找出第一次發生這種情況的例子。不管你向誰或是什麼東西尋求指引——你的靈魂、精神、更高的自我、神靈、神、宇宙，請祂向你揭露第一次發生時的情況。

四、往表面下探查，看看是否可以找出隱藏其中的寶藏。

附加故事

附加故事非常重要，才會不斷出現。在各種情緒狀態的討論中，我試圖列舉一些例子。不過，我們要在這裡花點時間詳細探討其中一個。

根據我的經驗，我們無法獲得情感接受是因為我們把重點放在附加在情緒上的故事，而不是情緒本身。例如，有人評論我的作品時，我會表現得非常有防禦心、否認對方的批評，甚至經常詆毀提出的人。用刻薄的態度對待那些想幫助我的人並不是我的價值觀，但是我的行動會讓人認為這是對我很重要的價值觀。因為我做得並不完美，所以覺得羞愧，因而引起有趣的二重奏：「憤怒」這個情緒。

我附加在情緒上的故事是，如果我不能把工作做到完美，那麼身為人的我就毫無價值。現在，我覺得羞愧時，會停下來並真正感受它。我會承認這種情緒的存在並加以命名。我會停留在當下。我不會直接跳到「我一文不值」的結論。我怎麼將工作完不完美與自我價值連結起來的呢？現在回顧起來，這並不難發現。在這個時代裡，女孩子要漂漂亮亮才是最重要的事情（長得漂亮才是唯一），有人跟你說：「你不漂亮，但幸好你很聰明」或許是其中一個原因。另一塊拼圖是，上課時拿到甲以下的成績就會受到懲罰。我的兄弟姐妹就沒有遵守這個標準。大家給我的理由是：「你很有能力，所以要擔負很重的責任。」顯然，我心裡想著我唯一的可取之處是，如果事情做得不完美，那我就沒什麼特別之處。至少那是我告訴自己的故事。

這個故事所附加的寶藏與工作或完美有關嗎？不完全是。寶藏與你做自己開心的事有關。我不期望做到完美的時候，都是那些只為了樂趣而做的時候（打扮、嘗試藝術或寫作方面的新鮮事、和朋友相處），或是我長得不夠漂亮、成績沒有拿到甲討老師歡心的時刻。真正的寶藏並不是能夠滿足於不完美的工作。真正的寶藏是做出讓我快樂或表現出創意動力，但又不介意結果的事情。真正的寶藏是意識到並非一切都與個人責任、討好他人或是成就有關。

積習難改，有時受到批評會產生殘餘反應。每天都有進步就好，我現在就不會無緣無故對提出改進建議的人發火。這雖然不是寶藏本身，但卻是一個很好的副作用。

練習得越多，就越容易識別出情感線索。這項工作起初可能感覺很笨拙陌生，但是會隨著時間越做越順。更重要的是，因為你會有更棒的感覺和更好的行為，因此就有動力繼續練習。當然，面對情緒很有挑戰性，但這只是因為我們與情緒相處的經驗還不夠，而且因為之前受過的傷很深。你現在了解得夠多了，可以對你的情緒能量體做出一些巨大的改變。現在，我們要將注意力轉向心理線索。想法與情感一樣具有挑戰性，多做一些練習來理解心理活動在我們生活中的角色，多少都會有些幫助。

CHAPTER 7

辨識心理誤導

心理誤導與情感陷阱有些重要的差異，我們將在下面討論。我們會花一些時間討論洞察力與批判之間的區別，因為這是理解心理誤導的關鍵。我發現這與情感狀態一樣有三種狀態，我們將在本章中探討的：好奇心、合理化和責備。

我們把情感線索當成麵包屑，循線找出藏在陰影壁櫥中的寶藏。根據我的經驗，理智體的傷口藏寶的方式與情感體不一樣。它沒有隱藏我們所需要的東西，而是將能量轉離，讓人無法表達真實自我。它把我們原先應該應用在其他地方的注意力困住，把資源帶離開靈魂的渴望。雖然它沒有把寶藏隱藏起來，但卻讓我們無法體驗寶藏，或者充分表達寶藏的潛力。

至於為什麼有這種趨勢，我們只能猜測了。根據我的經驗，由於我們文化和祖傳歷史以及可悲的事實，有時候感覺對受傷的孩子很好的事情，對我們反而不利。心理誤導通常沒有根本的原因，而是一種習慣，是為了支持將我們與理想分開的行為而產生的。好消息是，就像我們可以擺脫情緒創傷和觸發因素那樣，我們也可以擺脫心理陷阱和誤導的渠道。消除這些傾向，我們就可以將精力重新投入到養育和培養我們真正想要的東西中，不必再受以前所受的訓練控制。

心理狀態和洞察力

正如我發現在個人能量工作中有用的三種主要情緒狀態一樣，心理狀態也有主要的三種：（一）好奇心（二）合理化，以及（三）責備。為了保持和諧的個人能量，理想的心理狀態是好奇心，這支持著洞察力。洞察力可以幫助我們看透混亂的情況，並鼓勵促進康復和理解。

一：好奇心

好奇心能促使這些目標達成，因為根據定義，好奇心是渴望了解或理解某事的狀態。好奇心還意味著一種天真或沒有心機的狀態，是不需要學習舊有的。洞察力的另一面是批判，並且由於批判促進了分離和批評，因此沒有好奇心存在的餘地。當你批判著某件事時，就不會真正對那件事感到好奇。

單憑文字很難區分背後的意圖是源自於好奇心還是批判。舉例來說，「他怎麼會相信那種事？」這句話背後的能量和意圖，可以具有不同的含義。取決於說話方式，這句話可以是諷刺口吻，批判口吻或是真正好奇。好奇心的能量是試圖獲取訊息。批判的能量是難以置信，竟然有人會可能相信照理說很愚蠢的事情。好奇心的能量能引起和諧的流動，而批判則阻止了那股流動。遇到使我們做出反應而不是回應的想法或情況時，我們就可以確定內在某處正在進行某種批判。因此，批判是想法、思想及其隨後需要清理的行為所揭示的心理線索。

我們生活在一個重視決斷力的社會，這是一個基於清教徒原則的理想，鼓勵二元思維，特別是將生活的各個方面分為「好」和「壞」。我們被教導要批評：我們自己、他人、想法、文化、食物、政治思想、一切事物。社群媒體助長了這種趨勢，為每個人提供了一個發表意見的平台。如果有人敢發表任何與我們的信念不同的意見，這會鼓勵駁斥他人的意見。因為大多數社交媒體都是簡短的摘要，所以很少有好奇心或對話，只有造成分裂的大量批評。

除非我們能讓自己擺脫批評，否則在彼此了解和自我了解方面就不會有所進展。但是我們已經很習慣根據我們所知道的事情來做出批評，所以這很難改掉。好奇就是承認我們有所不知，或者我們可能願意改變觀點，而這些在我們的文化中，都是不受歡迎的想法。我們認為信念必須具有果斷性和堅強性，對其他可能的觀點抱持開放的態度就表示我們很軟弱。正如經過文化的長期訓練不利於我們情感接受一樣，好奇心在我們的生活中找不到支持的環境。

社會影響力教授兼作家喬納・伯傑（Jonah Berger）的一項研究提供了一個很好的例子，說明了我們如何根據反應而立刻做出批評。[6] 他採訪了政治人物，詢問他們對具體政策的看法。當他將政策歸因於反對黨的某個人時，政治人物都拒絕了這個想法。當他以同政黨的角度提出時，他們接受相同的想法。他們對政策本身沒有任何洞察力或好奇心，只是根據想法源自誰而做出反應。

我們都在某種程度上有這樣的行為。對於一些人物、政黨和品牌，我們有信任的，也有不信任的，這造成批評和意見的捷徑。在這樣充滿資訊和決定的生活中，這些捷徑的效率很受歡迎。但是他們也顛覆了我們的好奇心，使我們不必具有洞察力、變得懶惰並扭曲對現實的看法，剝奪了我們的自由。

雖然我們在這裡說的是內在而非外在的好奇心和批判，但作用方式是相同的。當我們反思自己的行為或想法時，我們會多常用這種方式回應：「好吧，這很有趣；我要怎麼進一步了解這代表什麼意思？」與其對我們做某件事的原因，或者對自己的行為感到好奇，我們通常都是先有批評的態度。內在批評的兩個主要結果是責備和合理化。這種思考模式都無法促進清晰、理解或和諧。相反地，這兩者都以不同的方式分散了我們的注意力，使我們無法將重點放在促進和諧，以及培養對我們和靈魂目的有益的能量上。

【筆記時間】

一、下次你開始用批評的方式對某事做出反應時，請停下來。

二、使用清理技巧釋放批評的能量，並培養好奇心。我建議呼吸法，因為這是當下最簡單的方法。

三、以提出真正好奇的問題來取代你可能做出的批評。

四、在你的日誌中寫下這個經驗。

五、根據需要重複這個過程。

---

6 尚卡爾・費丹坦，播客節目《隱藏的大腦》〈第五十五集：史努基和皮包〉（Snooki and the Handbag），二〇一六年十二月十三日 http://www.npr.org/series/423302056/hidden-brain

二：合理化

數十年來，合理化一直是種受人歡迎的技巧，它可以讓我們內心受傷的小孩做他想做的任何事情。只要我們能替不好的行為或錯誤的選擇辯解，那麼正如大家所說的：「一切都很好」，只不過事實並非如此。合理化的特徵是防備、幽默，或是對邏輯有種近乎病態的執著。有時候，合理化包括一小部分的事實，解釋了我們有那種行為的原因。在這樣的情況下，那種原因通常不是因為行為反映了我們的理想。

我們都知道，解釋不是藉口，也不會因此允許我們繼續採取違反價值觀的行為。然而，提出複雜或不合理的理由，在做受傷的自我想做的事情時是容易的，有時甚至是有趣的。我們聰明地面對自己的心理扭曲時，朋友就會大笑並讚美我們。當我們的靈魂快要發現根本問題時，我們的腦袋就會變得超出負荷，並創造出最複雜的邏輯體系來支持我們的錯誤選擇或不良行為。在我們深入探討核心問題並解決問題之前，合理化永遠都會是獲勝的一方。

各種行為或思想模式都會用到合理化，但這對於繼續不良習慣最有用。一些常見的合理化行為會用在選擇錯誤的食物、各種不健康的癮頭，以及保持不健康的人際關係等行為。這些與我們的能量在三個方面有關聯。首先，我們攝入的物質會影響我們的能量。其次，這些行為會讓心智能量遠離了我們真正想要撫慰受傷孩子的能力。最後，它們會削弱了我們的自我意識，貶低自己的力量。

我聽說過一句話：「你永遠無法透過純粹的意志力來克服你的惡習，克服的唯一方法是透過找到你更愛的東西。」但是，合理化的本質使這感覺像是一場穩輸的戰役。替惡習合理化會在周圍創造緩衝。當我們以關愛的方式滋養合理化的行為時，會給予它能量，直到它成為自己的生命實體。請記住，任何生物都會為生存而戰。面對情感的練習很辛苦。克服合理化是另一件艱鉅且險的任務。對我而言，合理化仍然是個人能量工作中最具挑戰性的部分。

如此棘手的一個原因就是合理化是強韌、長期存在、讓事情合乎事理的結構。我們對它施加好奇心時，合理化會吸收好奇心，並像貓抓老鼠一樣地與它玩耍。帶有好奇心地對一個複雜精細的系統提出「為什麼」和「如何」的問題，會強化原有的內部邏輯系統，使你陷入無限循環，直到你精疲力盡或找到打破循環的方法為止。此外，我們通常不會質疑自己的理由，因為太仔細地觀察自己違背信念的行為會導致焦慮，這種焦慮被稱為認知失調。

合理化和認知失調的可怕之處在於它們可以改變你。你越合理化自己的行為，你的思想就越會相信（與你聲稱擁有的價值觀相比），這些原因和行為對你和你的身分比較重要。這就是你找出自己更喜歡什麼東西能夠派上用場的地方。多花點時間讓自己清楚知道真正的你是誰——也就是你正在成為的人——是結束合理化循環的良好開始。與其拆毀合理化的搖籃，不如繞開那一切，把注意力集中在一個重要問題上：這種行為如何使我更加接近實現自己的理想和自由？對我來說，這是成功打破這種行為循環的唯一方法。要找到合理化不良行為的根本原因更難，因為這通常只是因為這樣做能讓人感覺良好，不管是身體、情感還是心理上的。要找到根本原因，可能要花上好幾年的時間，這或許能讓終止這個行為變得簡單，但也是進入合理化森林的另一條危險之路。

【筆記時間】

一、你平常有什麼合理化的行為？

二、你嘗試過用什麼方法來讓自己自由？

三、到目前為止最有效的是什麼？

四、從土類的技巧開始（請參閱第八十三到八十四頁）有助於讓心靜下來。

五、能幫助我處理合理化的清理方法包括呼吸法和冥想。

六、雖然「混亂」主要是培養方法，但有意識地施加混亂可以幫助你鬆開合理化的習慣。改變行程有助於打破能量循環。

七、將違背價值觀的行為記在日誌上。哪些行為會使你更接近價值觀？

了解合理化有多聰明，可以幫助我們意識到要清理這種能量有多麼困難。還有，了解到它其實只是吸取了能量的虹吸管，並沒有隱藏任何值得挖掘的東西，我們就能找到消除合理化的最佳方法。只要不讓能量流過合理化這個的虹吸管，它就無法生存。關鍵是要專注在符合你價值觀的行為上，並有意識地使用培養技巧來養成那樣子的行為。

將能量轉移到你希望能蓬勃發展和能夠表達你的價值觀的事物上，就能剝奪合理化行為的食糧。另一種看待方式是問自己最好的你會怎麼做。選擇你要餵養哪一隻狼。讓其他的廢物消失，直到你要做的只有清理灰塵而已。與情感清理一樣，有時會很困難。一旦某種東西被賦予生命，它就會為了生存而戰，而飢餓會使它奮力抵抗，合理化會反擊。請記住，讓合理化餓死不會殺死你。最後，它會使你變得更強大、成為更真誠的自己。最重要的是，你會獲得自由。

一、選擇你要清理的一個合理化行為〔justified behaviors（JB）〕。

二、對照你一開始的價值觀清單。

三、JB是如何讓你更接近或遠離價值觀？

四、JB使你最遠離的價值觀是什麼？（例如：JB＝汽水成癮，價值觀＝健康）

五、選擇一件事情，只要在JB希望獲得滿足時，就改做這件事情取代。（例如：喝水）

六、選擇支持你價值觀的行動，並將能量重新引導到那件事上。

三：責備

合理化可以使不好的自己做任何想做的事並對此感到開心，而責備則是相反的那一端。像大多數極端情況一樣，這種情況一樣很危險且難以處理。誰沒有因為犯錯而自責？俗話說：「你是自己最嚴厲的批評者」是有原因的。我們有時候很會批評別人，但說到批評自己這方面，我們才是專家，相對於睡過頭、吃太多餅乾、開車時罵人，我們老是給自己比這些更嚴重的處罰。

由於某種原因，我們對自己嚴厲時，會使我們對於認知到的，或真正的過錯有更良好的感覺，這確實很奇怪。另一方面，也許並不那麼奇怪。我們大部分的傷口是在童年時期造成的，那時的我們非常依賴周圍的人。我們對生活的控制較少，通常無法滿足自己的基本需求，如果讓照顧我們的人生氣或不高興，會被認為威脅了我們的需求。表現不好可能會被罰不能吃飯就上床睡覺，雖然這不致命，但還是會感到痛苦，或者更糟的是，會將我們與渴望從照顧者那裡得到的愛和接受分離。

這些經歷可能也與大腦邊緣區域更古老的祖先記憶有關，當時犯下的錯誤可能比在現代世界更致命。在我們遙遠的過去與祖先的記憶中，犯錯很可能帶來可怕的後果。做了讓自己甚至他人處於危險中的事會覺得沮喪，似乎是正常的反應。現在對我們來說真正的問題是，我們犯的錯在多數情況下不會威脅生命。而且就算某個錯誤特別危險（例如在開車時超車），花費時間和精力自我批評也無濟於事。再多的後悔能量也無法重來。出於某種原因，說服自己不值得生活中有任何一件好事和像樣的東西，似乎比分析發生的事情、解決問題，或制定計畫以防止錯誤發生來說更合適。

責備不只是承認錯誤和感到遺憾。責備比這複雜得多。它不只露個臉而已，而是會連自己的包袱也通通搬進來。責備很樂意告訴你各個故事，說明你是什麼樣的人，例如這次犯的錯誤如何清楚表明你完全不值得擁有任何美好的事物。

當那個故事不能說服你時，責備就會引發一連串像遊行似的羞辱，對我來說，在半夜時最要命。所有的錯誤會列隊出現，有時甚至連幾十年前的錯誤都會跑出來，使你再次感受到當時的恐懼。由於這些記憶受過責備，它們會變得肥胖、強大且令人懼怕。

這些是藏在壁櫥裡的兒時怪物大人版。隨便想一個睡不著的夜晚就會記得，我們的注意力完全集中在羞辱遊行上，就知道這種精神狀態有多麼消耗能量。我們不但沒有獲得充足的睡眠來恢復身心狀態，還創造了越來越煩躁和停滯的能量。早上起床要開始新的一天時，我們已經筋疲力盡了。責備大大浪費了我們寶貴的資源，不給任何回報。

【筆記時間】

一、你有沒有自責的時刻？

二、你的羞辱遊行是什麼樣子？

三、列出一些導致自責的事情。

四、你之前怎麼嘗試處理它們？

寬恕的力量

無論你是在處理一個自責的情況，還是加上整個羞辱遊行，清理這種能量都比合理化容易。雖然比較容易，但不一定簡單，你大概猜得到原因。清理這種能量需要強大的寬恕能力。寬恕別人通常比寬恕自己容易，但是正如俗話說的，你要先愛自己才能愛別人，除非你原諒自己，否則你無法真正原諒別人。在繼續討論寬恕之前，請確保這段記憶中已經沒有值得學習的機會。問問自己是否還可以從中學到一課。如果可以，請記下來並將其內化。如果沒有，那麼你只需要用寬恕和慈悲的心釋放它就好。

任何清理方法都可以使用，但是呼吸法、抱樹和火類練習是真正幫助我緩解責備的少數幾個方法。呼吸法是既簡單又有效，並且如果你必須在公共場合進行呼吸法，通常沒有人會察覺到。我從吐氣開始，吐出斥責；吸氣時，我吸入慈悲。如果我發現自己缺乏慈悲，我會請周圍的樹木（無論是否在視線範圍內）將它們的慈悲借給我。深長緩慢的呼吸是消除任何阻礙和諧能量與流通能量的解藥。經過幾次呼吸後，我可以感覺到我的肌肉、血管和靈魂放鬆並打開，隨著慈悲，舒緩了責備所留下的傷口。

樹木是明智而美好的存在。有時很難想像一個人格化的神原諒你，特別是祂如果類似猶太教——基督教的神。我到目前為止都還沒被樹木拒絕過，我會抱著樹（或者如果在公共場合，就隨意地倚靠在樹上），並尋求寬恕等任何形式的幫助。

如果我的責備遊行特別嚴重，那只有火類的方法行得通。把所有讓我覺得自己只值得痛苦的錯誤假想寫下來，把紙燒掉。接著通常會做呼吸法或某種水類的清理練習。

【筆記時間】

一、你下次自責或經歷羞辱遊行時，請選擇一種清理技巧來釋放能量。

二、試著用呼吸法來讓腦袋平靜下來。吐出責備；吸入寬恕。

三、接觸一些能讓你覺得安全、滋養和愛的神靈或大自然。

四、如果責備還是存在，考慮用火類的方法釋放自己。

五、接著做培養練習，用寬恕和慈悲來滋養你的能量體。

六、感謝是一種有用的培養技巧。與其責備，不如用感激的眼光來看待事情。感謝它提供的教訓，並且在他人犯錯時，幫助你發展對他們的同理心。

重溫好奇心

我們已經學會從合理化和責備的觸角中解放出來，但仍有一些工作要做。我們絕不能忘記，合理化和責備是批評的結晶，也是好奇心的對手。既然我們已經消除了合理化或責備所具有的能量和力量，就有空間檢視它們並獲得更多資訊。當我們判斷生活中的某些事情對我們來說是不對的，但還是喜歡沉迷其中，並為之編出合理的理由時，這種結果就是合理化（諷刺的是，合理化通常準確無誤地讓我們做出與自身價值觀不符的行為）。將合理化的批評轉變成洞察力，我們就可以有意識地說：「這種行為與我的價值觀不符。」然後我們可以大方承認我們還是想這樣做。

現在來談談好奇心。我們做的不是批評，而是探索，問自己為什麼要這麼做。我們問的時候並沒有要試圖證明對錯，否則那就變成合理化了。答案可以從「這是我的安撫奶嘴」到「好吧，我不能只是當個門墊，任由別人任意踐踏我。」這些答案引發了更多問題，例如：「我為什麼需要安撫？」或「這種行為是在阻止別人踐踏我嗎？」透過好奇心和深入挖掘，你可以發現能清理的隱藏區域。如果生活中有難以忍受的東西使得你需要安撫，那麼就在能量上好好照顧它，你才能真正解放自己。

一旦放鬆了對責備的緊抓不放，你的好奇心就會發現那個經驗能讓你學到什麼。通常，頭腦清醒地檢視那個經驗，會發現有個簡單的方法可以避免事件再次發生：建立一個更好的組織系統，好讓事情不會被遺忘、向某人道歉、消除車內的干擾，使你可以專心開車。我們自責的大多數事情都是小事，以至於當我們退後一步時，我們會很好奇當初怎麼會受到那麼大的影響。這是值得思考的事情。通常是因為我們受過訓練，能夠嚴厲地批評自己和他人。我們學到的是，一個錯誤可能會使原本可愛的個性染上汙點。我們相信外在表現出的悔意等於真正的悔改。但是這其實類似於情感放縱。誇張的表達不如改變的行為強大。

討論情感線索時，我建議深究事情發生的原因，但是在消除合理化和責備時，我卻建議先不用探究。這或許會讓人有點困惑。根據我的經驗，我們的心智是如此強大，似乎不可能接近任何合理化或責備的事物，除非能先清理掉一些能量。合理化和責備似乎會把耗費在它們之上的能量都吃個精光，並變得越來越強大。這就是為什麼我認為它們更像是能量虹吸管或能量的通道，而不只是能量。放鬆緊抓著你的它們，透過飢餓和寬恕削弱它們的力量，會比較容易發現是否還留下有價值的東西。

你有通往壁櫥的鑰匙

真相是，你值得人生美好的東西。事實上，你值得人生中最好的事情：成為你生來注定成為的人。這並非只是一個自私的目標。請記住，你生來注定成為的人將帶給世界一劑良藥。你具有很有價值的東西，你有責任將它獻給這個世界，彰顯這份禮物。現在，你有了一些很棒的工具來幫助你做到這一點。你可以將與核心價值觀不一致的行為模式視為停滯的能量，或是視它為不恰當控制你生活的能量虹吸管。你多少了解到創傷產生的能量如何將你很重要的部分隱藏在壁櫥中。你知道陰影壁櫥中的物品比你原先想像的還要複雜很多，也更有價值。你甚至還會釋放這些珍貴禮物的步驟：

一、注意以下情形來辨識行為模式：

◎週期性行為；

◎過度的情緒反應

◎無法反映你價值觀的行為。

二、透過簡單的清理技巧來消除焦慮，例如呼吸法、山式站姿、洗手、握著水晶或嗅聞精油。你嘗試不同技巧時，就會知道哪些對你是有效的。

三、觀察並辨識：

◎你是在反應還是回應？

◎這個行為位在哪裡：理智體或情緒體？

◎在這個行為模式底下到底發生什麼事？

四、尋找指向更深層根源問題卻隱而不顯的模式。

這些步驟只是開始。多做練習，讓觀察自己的這個習慣成自然。閱讀下一章後，你就能夠完全辨識出隱藏的禮物，對其進行整合，並清理所有殘餘的能量。但是在制定計畫來處理問題區域之前，我們要先將基本的健康能量習慣融入到你目前的生活中。

CHAPTER 8

個人化的能量練習

發展健康的能量習慣其中一個關鍵是將小行動融入到生活中。我們都非常忙，養成新習慣可能會充滿挑戰，因此，如果練習可以越輕鬆地融入生活，你保持習慣的可能性就越大。只要一點創意，你就能輕鬆將小小的努力投入到現有的習慣和日常工作中。從小一點的行動開始，我們就可以為比較複雜的深度能量清理工作做好準備。

要處理前幾章所討論更深層次的問題需要花比較多時間和精力。從相對穩定的地方開始，這項工作會更容易，而且效率會更高。以身體來比喻，如果有人需要進行大手術，醫療人員應該在動手術之前確定患者的狀態穩定，以確保他們有成功和康復的最佳機會。營養不良或虛弱不堪的身體只有在滿足其基本需求之後，才能開始建立肌肉。此外，經過一段時間的基本能量維護，能更輕鬆地確定能量和諧的感覺。

我建議你開始將基本的能量練習納入日常生活中，同時繼續注意那些與理想不符的行為，或是對情況做出反應而不是回應的時刻。注意這些時刻，清理立即的焦慮感，並在行事曆或日誌中追蹤情況。當我們開始認真釋放自己，並朝著能量和諧邁進的工作時，就能利用這些資訊。

建立習慣

就像要重新安排衣櫥得先把衣櫥清空一樣，我們要先花點時間來清空。在能量體內創造出空間之後，就會感到更加舒服自在，也能更清晰地看到自己。清理之後，你可能會覺得如釋重負、嗓子大開，或是束縛你的緊繩突然被鬆開了。最讓我有感的例子是，良好的清理就像剛脫下一雙過緊的鞋子。

至少在一開始，你一整天使用的各種清理技巧會比儲存和培養技巧多。到最後，這個比例會變成以培養為主，因為你盡量清理，且養成每天的清理習慣之後，就會有更多的空間來培養所需的能量，這時候需要清理的就比較少。儲存能量本身就是一種穩定的練習，所以基本上變動很小，除非偶爾在某些情況下需要比日常生活更多的保護。

創造個人練習的第一階段，請查看第三章中的清理技巧以及日誌中的筆記。至少選擇三種適合你的技巧。現在，想一下你的日常活動，例如刷牙、洗澡、喝第一杯咖啡或準備奶昔、散步、開車去上班，甚至是寫日記、運動、冥想或做瑜伽。什麼活動都可以，只要每天進行一次或每週至少進行五次。週末的行程有時候會比較亂，沒關係。這樣的練習當然每天做最好，但是一週五天也可以，總比一週零天好。

現在，將清單中的三種清理技巧與三個日常活動進行配對。將一種技巧與已經建立的、有意義日常練習結合在一起。舉例來說，如果你每天都會散步或進行任何形式的運動，那就可以將活動結合意念、正念和專注，一舉兩得。這裡有幾個例子：

◎每天刷牙完，你可以藉由漱口來清理掉喉嚨中可能會使你的語氣充滿厭煩、不耐煩或憤怒的積滯能量。將一個技巧與刷牙搭配是不錯的選擇，因為幾乎每個人至少一天會刷一次牙。

◎洗手時，請專心想著在你身體裡的不適能量都流到雙手，然後跟著水排入水管。

◎梳頭或刷牙時，你可以用山式站姿站立，將任何不適當或停滯的能量傳給大地。

◎如果你每天都會開車到某個地方，你就有很多機會進行呼吸法。

有創意一點，尋找機會將能量練習融入到現有的例行事務當中。

有時候你也會需要根據需求來使用某種技巧。這就是能量工作很美妙的一部分：你可以隨時隨地召喚這些技巧。每天進行少量的小練習將建立兩件重要的事情。第一，你會越來越熟練，也會越來越有信心，你就能像肌肉記憶輕易想起某個技巧。第二，透過經驗，你就能學習到在某些情況下用哪種方法最適合你。如果每天要記住三件新的事情有點困難，那就寫張便條，貼在你做日常活動的地方，而且要能讓你實際觸摸到。舉例來說，你可以把便條貼在牙膏上，這樣在拿起牙膏時就會觸摸到便條，也可以貼在汽車的變速桿上，或是把便條捲起來黏在步鞋中，這樣你每天要走路時都必須把它取出。

這句話怎麼說都不夠：有創意一點。而且要積極主動。這是你的生活和能量——別忘了你有很好的頭腦。但是如果三件事真的太多，而且你了解自己不需要這麼多，那可以先嘗試兩種，甚至只有一種也沒關係。一個月做一件事情，發現自己喜歡從中獲得的好處，並因此變得更有動力再增加一件事情，會比一下子同時進行太多件事好很多。你會發現自己渴望獲得和諧的能量，因此即使你從小地方做起，效果也會累加。懶惰和對自己殘忍之間的界限很難分清楚。對自己負責，但不要陷入自責的狀態。

幾週後，評估你的練習成效如何。「成效」指的不是要衡量能量變化，雖然你肯定已經注意到與之前有所不同了。更重要的是，你有沒有發現這些習慣很自然地融入到你的生活節奏中？在沒有壓力的情況下融入練習，是很簡單的事嗎？你有沒有樂在其中呢？如果沒有，那就考慮嘗試新的練習。改變計畫並非失敗；這只是過程的一部分。你最能判斷什麼對你最好，可以自己決定這番努力和結果對你是否有用。如果你的日常活動需要微調，請花一些時間調整，並在必要時重複進行。在建立好自己的清理方法之前，我不建議進行到培養練習，因為如果沒有釋出空間，那效果會不如預期。

增加儲存和培養技巧

現在你已經清理了一些能量，有了培養的空間。但是我們首先要將你創造出的漂亮乾淨空間儲存好。我建議先從一種儲存技巧開始就好。儲存練習不需要每天做，一週一次就可以了，不過要每天做也是沒問題的。選擇一種可以建立在你正在使用的清理技巧之上的培養方法，會讓事情簡單很多。舉例來說，如果你每天都在車上進行呼吸法，就可以在做完之後直接輕鬆地合併「光的泡泡」技巧。每天晚上洗澡，甚至是換睡衣準備上床時，很適合融入連結索的練習。雙手合十的練習可以很自然地融入瑜伽中，如果你可以加上意念，那就更沒問題了。

你準備好要融入培養技巧時，請小心進行。用新的能量補滿你正在創造的空間是很誘人的。但是操之過急，你就沒有足夠的時間，確保你引入的是你想要的能量，並確定該能量是否正確。我也不建議在這時候帶入有意識施加的混亂，不過如果感覺很合適，那就儘管去做吧。但我自己會嘗試選擇其他技巧，從小處入手。舉例來說，刻意的消費主義是一個很大的類別。嘗試改變所有的飲食習慣會讓人不知所措，所以一次只選擇一件事情吧。

也許你會想剔除社群媒體來消除那些無法餵養你靈魂的訊息來源，並尋找多一點能夠餵養你靈魂的資訊。也許你會決定是時候除去生活中沒有意義，或無法替你生活增加價值的物品。也許每晚花一點時間做感恩的祈禱很吸引你。我最建議呼吸法、感激或祈禱／沉思。如果你想使用更活躍的技巧，請選擇一個雜亂且經常使用的區域，例如襪子抽屜、浴室流理臺或書桌。清理並保持整潔，並妥善照顧該區域中的所有物品。我可以為你提供的指導是有限的，因為你一旦開始進行清理和儲存，就會慢慢感覺得出什麼方法最適合你。培養是很見仁見智的，因為每個人都不一樣，每個人的生活都不同。儘管分享清理所有人都會遇到的停滯或不適當能量問題的技巧很簡單，但我們希望培養的能量類型則因人而異。

同樣要記住的是，隨著我們經歷人生的不同階段，能量和諧的完美配方也會改變。就像我們身體的需求會改變，我們的能量需求也會有所不同。隨著你練習的進行，請注意你的感受，無論是對採用的練習還是內在能量的變化。因為你還在了解自己的能量體，所以剛開始時你可能注意不到能量需求的細微變化，但是如果你注意到了，請不要驚慌。那是好事。這表示你正在獲得對能量和諧的覺察和敏感度。隨著時間流逝，你對能量的變化將更加敏感，而且能夠立即解決這些變化，進而解決任何潛在的、較大或長期的問題。別忘了繼續追蹤你的行為與理想不符的時刻。我們會在下一個階段開始使用這些紀錄。

深層清理

你現在已經建立了一些習慣，體驗了釋放停滯、不當的能量，並創造具有特定特徵、生氣勃勃能量的感覺，我們就可以繼續著手一些使我們無法自由生活的更大問題。

當然，我們每個人的擔憂、創傷、傷口、觸發因素和偏見都不盡相同，但還是有適用於多數狀況的大原則。沒有所謂理想的時間表，找到對自己有效果的準則才是重點。最重要的是，在繼續之前，你最初的基本能量練習要感覺是穩定且有效的。需要多少時間就花多少時間。

我強烈建議一次只從一個主要障礙開始。因為你追蹤事件的發生已經有一段時間了，所以你也大概了解，生活中什麼類型的事最常見也最容易控制你。選擇最大、最強的障礙很誘人，但要抵制這種誘惑。從小一點的開始，把這視為訓練騎腳踏車的輔助輪。如果一開始就有成效，那麼長遠來看，你也比較有可能成功。一開始就深入清理壁櫥會有很大的學習難度。你獲得的經驗將有助於你前進。如果任務感覺太大或太冒險，就會增加不必要的焦慮。但如果你覺得有挑戰才有動力，那麼請忽略我的建議，做對你而言最有效的事情。

就像我們每個人陰影壁櫥裡的問題都不盡相同，我們處理問題的經驗也會不一樣。到目前為止，我與我的壁櫥互動都不一樣。我認為這是靈魂在這項工作中扮演的重要角色。靈魂是我們釋放所有自我碎片，並用這些碎片來創造未來成長沃土的地方。（關於這個概念的更多訊息，請參見附錄二）。靈魂不一定會按照有意識心理的時間表工作。

在這個過程中，會有一些地方感覺好像什麼也沒發生。有時候，除了耐心等待靈魂向你的意識揭示其祕密之外，你無能為力。這之所以令人感到挫折，是因為我們想做點什麼——解決問題並採取積極的態度——這是西方人面臨挑戰的一部分。你只能繼續進行日常的能量工作，並信任這個過程。我保證，到最後會是值得的。當你繼續培養能為你促進理解、反思和洞察力的能量時，你找尋的訊息就會出現。你的靈魂將吸收你提供的一切，並將其變成智慧的明珠。請記住，這是一個非常自然的過程，你是一個多方面共存的有機體。每一個方面都有自身的本質，包括自身的時間感。同時，我們將盡己所能幫助有意識的心靈盡力支持這個過程。我們將透過一些簡單的步驟來做到這一點，首先要注意那些無法反映出我們信念的行為，並清理這些時刻通常會帶來的焦慮情緒。然後，我們就可以好好處理情緒、探究到底發生了什麼事，來找出這是情感障礙還是心理誤導。

注意

如前所述，第一步是要注意與你的價值觀不一致的行為出現。其中一個線索是，不管你有什麼感受，還會感到焦慮、羞恥或恐懼，你可能還會感到缺乏控制力。這是很嚴重的，因為要能自由地活著，我們就必須能夠控制自己。如果我們不受控制，就受到其他事物的控制，這與自由相反。

清理

當你注意到這樣的行為時，請使用任一個簡單的清理技巧（呼吸法或散步對我來說很有效）來清理周圍的焦慮或羞恥的能量。在充滿焦慮、恐懼或羞恥的情況下，你就無法客觀地檢視這次的經驗。

你當下所能做的或許就只有這樣，尤其是身旁有人時，無法做其他清理方法時，只這樣做也沒關係。等你有隱私時，把過程完成就好。不過，我強烈建議你讓親友知道你正在處理某些問題，有時可能會要求停止你們之間的互動以完成清理工作。因為他們與你很親近，希望你盡量感到快樂和健康，所以我希望他們能給予理解和支持。當然，你可以在事後繼續處理障礙，但能夠在情況發生的當下進行檢視是一件有價值的事。

探索

如果可以，無論事後還是當下休息一下，都可以探索障礙的性質。你是在壓抑還是放縱情感？你在合理化還是在自責？你是否正在興頭上，腦袋裡正上演複雜的綜合情節？盡量詳細地了解你正在經歷和正在做的事情。將一些資訊包含在內，例如行為是怎樣的反應，而不是回應。它如何擴大你當前的自我和你想成為的人之間的距離？如果你在這一刻真正實現自己的信念，那會是什麼樣子？如果你過去幾個月一直在收集其他類似事件的資訊，請將你所收集的內容與當前情況進行比較。找尋任何類型的相似之處：情緒、動作、觸發事件、位置或其他人。這不是必須，但是能夠看到較大的模式總是有幫助，畢竟這樣一來能讓你看到自己受到多少遺失的自我或能量誤導所控制。

辨識

如果障礙是情緒上的，就代表與你的陰影壁櫥有關聯，那麼多次出現的情況所提供的資訊會非常有用，可以使你更容易看到與情緒反應有關的故事。這是下一步：辨識出與行為相關的故事。請記住，故事不是寶藏，而是指向寶藏的線索。這是過程的一部分，可能需要一些時間。有時我們不記得事情，是因為我們不想記得。我們是在保護自己免受創傷經歷的傷害。諷刺的是，我們還是會一次又一次地體驗這種創傷，因為傷口並沒有痊癒。只有記住傷痛，我們才能完全釋放它，不必再次重溫那樣的經驗。同樣重要的是，我們還能收回被鎖住的那部分自我。

為了幫助心靈和靈魂更容易揭示這些必要的訊息，請將清理技巧（理想的方法是淋浴或泡澡）與培養技巧結合。培養一個安全的空間有助於平靜地揭露你的祕密。我認為對此最有效的培養技巧是祈禱或冥想。在與神或與你最高自我親密的神聖空間內，請求幫助，讓你的心和情緒能量體知道過去的已經過去，並且不會再造成痛苦。請求祂們提醒你，那些經歷已經過去、最糟的事沒有發生、你並沒有死。要求你的心靈和靈魂共同努力，將對最初經驗的記憶帶入你的意識中。

當你等待這些訊息出現時，請在行為重複發生時繼續阻止自己、消除焦慮，並嘗試透過意志力從反應轉變為回應。為了支持這一點，請培養能滿足你的意志和希望能釋放障礙的能量。這創造了一個雙管齊下的方法，鼓勵你的意識和潛意識朝著同一個目標努力。當兩條路徑相遇時，就能清理剩餘的能量。照著這個儲存練習做，並在必要時繼續進行培養工作。

心理與情感

如果障礙（或更確切地說是誤導）有思想，那過程會有所不同，在某些方面會比較容易，但在其他方面則會更具挑戰性。舉例來說，對於情感問題，有意識的心智有時不得不等待無意識的心智和靈魂。這可能會令人沮喪，尤其是對於那些希望照著時間表走並追蹤進度的人來說（我碰巧就是這樣的人）。心理問題比較多是在你的意識控制範圍內，這使我們意識到這些障礙更具挑戰性。情感障礙，總有一些東西在表面之下。最困難的部分是要找出來，但一旦出現，事情通常很快就水到渠成，並且看起來如此明顯，以至於就像魔法一樣。如果是合理化和自責，那不會有救兵從深處奔馳來救你，你有控制權，這是很令人欣慰的，因為你可以控制時間表，雖然這會使你的意志力承擔大部分的責任。無論你是否要餵養另一匹狼來餓死合理化，還是要為自己的錯誤注入寬恕，這些都是你要及時做出的選擇，以及你要刻意採取的行動。

在清理了第一個深層障礙，並享受了收回一部分的自己或切斷能量虹吸管所帶來的緩解及喜悅後，你會想繼續移除更多的障礙。你可能想清理限制自己自由的東西，你現在已經做好了這樣做的準備。或者，你可以決定讓這些問題更自然地出現在你的意識中。一旦習慣去注意與信念不符的行為，你就會注意到越來越多。聽起來可能很可怕，但其實一點都不可怕，因為這樣能讓情況不會變成羞恥遊行，而會變成一大堆擁抱自由的機會。我練習久了，還注意到我並沒有想著自己是在「進行練習」。相反地，這已經成為我生活的方式。我注意到一個問題就會著手處理。過程既輕鬆又自然，較少壓力和內在衝突。

能量清理的生活方式

建立起初步的能量練習並開發出針對重複性問題進行深層清理的訣竅後，你就可以開始放鬆地過著新生活了。正如養成良好的身體健康需要改變某些習慣一樣，養成和諧的能量健康也是如此。事實上，你已經做到了。你只要持續練習，然後繼續處理較大的問題，一次解決一個。

有了經驗，你就能開發出只在特定情況下才需要的技巧。你會注意到，當生活發生變化時，你可能會重新考慮自己的日常練習，以確保它們仍然最適合自己。另外，隨著你的改變，你將繼續收回一部分的自己，你會發現自己的做法也在改變。你越自由，受到外界環境的控制就會越少，你的舒適圈就會越大。當你的舒適圈很堅固時，你就不會那麼容易被甩出正軌。相反地，當事情不對勁時，你就會更快注意到，並可以充滿自信地冷靜處理。

個人化能量練習的範例

這個範例大部分是根據我目前的做法寫成的。但是到出版時，可能已經不一樣了。請記住，隨著我們的進展和環境的變化，練習也會改變。另外請注意，這不包括我為自己的家所做的能量工作。那將在下一章中介紹。

每天

◎早上喝咖啡時反思

◎早上散步時扎根接地一下

◎傍晚祈禱和祝福（更多關於祝福的內容請見第十章）

◎根據需要進行：呼吸法、洗手、刻意消費

每週

◎清理電子郵件和桌面

◎陰瑜伽

每月

◎解索

◎除去某些雜物

持續

◎追蹤和清理情緒反應和心理批判

結果

照顧能量體並使整個身體都自由的工作是很驚人的。你已經很棒了；你知道的。但是由於情緒或心理能量的問題，你其中一些很棒的部分被隱藏起來，或是挨餓。當你擁有更多自由時，你的世界將會越來越寬闊。以前從未發生過的可能性不只變得可能，甚至很有可能發生。你以前認為最珍視的夢想可能會消失，進而為更大的夢想騰出空間，這些夢想會比以前的夢想更加接近和真實。你會改變。你可能會以意想不到的方式改變。永遠相信這個過程。一定要知道，在你變得更加完整的同時，你只會變得更好，並且更有能力充分活出你的靈魂在世界上的目的。

你周圍的人不一定總是喜歡你的改變，尤其是當他們自己處於被情緒或精神障礙控制的反應狀態時。這不足為奇。我們在生活中都見過這樣的情況。每當我們或周圍的人改變時，後果就會從改變的人身上蔓延開來，影響他或他生命中的其他人。試著記住他們會感到害怕，即使他們表現出的是憤怒或刻薄（尤其如此）。你會想要以反映你核心價值和最高理想的方式來對待他人。這或許不容易，而且在重新連接和療癒之前可能需要與他們保持一些距離。即使這可能會令人害怕，因為至少在短期內你可能會失去生活中的某個人，但請不要放棄成為你天生注定成為的人。你的旅程將帶你前往任何地方，並讓你需要的人圍繞著你。這可能是一個具有挑戰性的情況，因為你必須始終確保自己偏向洞察力而不是批判。

在建立能量體的穩定性之後，一旦你積極參與了共同創造自己的過程，這其實就是自我的釋放，那麼你就可以將這些技巧轉移到你周圍的空間中，能量不再侷限於你自己的能量身體，而是能朝向他人。當你繼續打造自己的整體自我和自由自我時，你就能有意識地參與世界的共同創造。聽起來令人興奮嗎？那就繼續往下讀吧，我的朋友。

PART 3

第三部分

你的環境

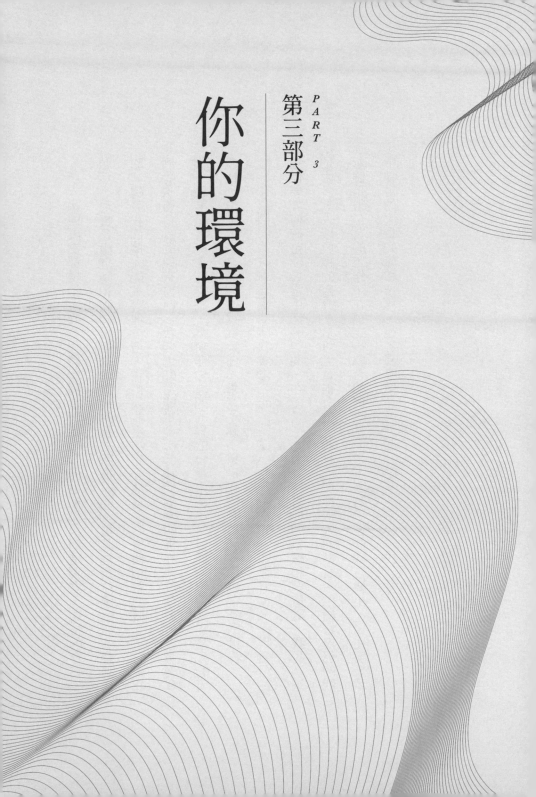

人類與萬物都是相連的，我們理解這個概念，但也接受我們是獨立、獨特的存在。顯然，現實是由謎團和兩個相對概念之間的張力所構成的。這就是為什麼生活的樂趣無窮。隨著我們擴大能量管理技巧，我們就能更加充分地意識到這個相對的概念。該對我們能量體負責的只有自己。我們也知道能量會影響我們周圍的世界，就像環境會影響我們一樣。隨著能力的提高，你與非你之間的界限會越來越小。這種理解帶來了驚人的可能性，也帶著隨之而來的重責大任。畢竟，你不只是在照顧自己，你也在創造世界。

在我們開始討論影響地球的變化之前，先從小地方開始吧。具體來說，我們要先討論你要如何確定你最常生活的空間，在能量上大力支持著你的目標和價值觀。我認為這是大多數人感興趣的部分。這可能會很有趣，並且能發揮很大的創意。照顧好自己的能量體是很辛苦的工作，在那之後就有如倒吃甘蔗了，因為學習曲線會變小，你在前幾章中獲得的大量知識和技巧，很容易應用在第三部分中。

CHAPTER 9
你的個人空間

無論你是在家中工作的阿宅，在世界各地到處跑的旅人，還是將你的時間在家庭、學校、工作和汽車之間分配的人，你周圍的領域都有影響力。對於剛剛學會控制和管理能量的人來說，這個領域可能比已經練習了一段時間的人還要小。隨著你的技巧和信心的增強，你影響的範圍也會隨之增加。你可以影響的領域範圍，不但取決於你和你的練習，還取決於與你共享空間之人的能量，以及恰好居住在、或正好在建築物或土地上的任何靈魂。這是一條雙向路。你的領域影響著你周圍的世界，而你相對地也受到外部能量的影響。

這種共生關係意味著，根據所涉及其他能量的強度和意志，你可能無法簡單地將自己的慾望完全強加於你要處理的空間，但是你可以利用所學來培養最能體現你價值觀的能量。你也許會發現自己的能量工作以有利於他人的方式影響你周圍的人，因此人人都是贏家。最後一個想法確實令人興奮，我們將在下一章中進行更徹底的探討。

一直說「你的家、辦公室、汽車等」會很麻煩，我們不如直接用「空間」來稱呼，知道這指的是你碰巧正在使用的任何空間。我們能這樣做是因為無論討論的是哪個領域，原則都不變。當然，某些技巧並非在所有類型的空間中都可行。舉例來說，你不太可能在辦公室、辦公座位，或收銀機前燒鼠尾草。但是你可以使用其他同樣有效的方法。我要把決定權交給你、你的常識和你對自己情況的了解，由你決定哪一個選項最合適。能量工作總有不同選項能夠任君挑選。

關心空間的能量

你大概不會覺得驚訝，你可以用清除自己能量的大多數技巧來清理空間。事實上，你可能已經領先了我幾步，並且意識到你所使用的某些技巧已經影響了你空間的能量。

舉例來說，如果你開始清理辦公桌和桌面是為了消除內心的雜亂，你可能已經注意到，工作區的能量也讓你感到更順利、更平靜。或者你也許開始非常注意自己擁有的物品以及你是如何照顧它們的。你所建立並保持健康的這種關係已經開始從你和所涉及的物品擴散到它們所存在的空間中。其下如其上；其上如其下……萬物都是相連的。

如果你完成了與你的物品或空間有關的個人清理工作，那麼你很可能已經發展出對能量的敏感度。你可能會注意到在執行動作時，空間的能量是如何變化的，或者當你從工作場所的一部分轉移到另一場所時，也會感覺得到。只要稍加留意，你就能學會感覺到難以言傳的感受。以這種方式生活的時間越長，你對各種能量的認識和理解就會越微妙。

如果你不像別人那樣對能量敏感怎麼辦？如果你整天走來走去，只感覺到自己認為明顯的能量，但感覺自己看不見更細微的變化或轉變，該怎麼辦？請不要擔心這個。這是我們正在處理的抽象能量。辨識或衡量抽象能量並沒有絕對的方法。另外也要記住，察覺能量的方法有很多。你可能沒有身體上的感覺。舉例來說，在直覺和心理工作中，人們談論千里眼，也就是有「清晰的視線」之意。有千里眼的人看到圖像時，會將這些圖像解釋為訊息。還有的人有其他的「超感應力」。超感應力（Clairsentience）是「清晰感知」，或者指在身體上能感覺或感知到訊息的人。我想很多人認為超感應力是感知能量的唯一或最佳方法，但並非如此。有超感應力的人會聽到訊息。這些是最常被討論到的。

身為讀塔羅牌的人，我總是對自己似乎從未在這些方面有超感應力而感到沮喪。直到學習幾年之後，我才了解到另一種感應力：超覺知力（claircognizance）。超覺知力是「清楚的了解」，意味著你沒有看、感覺或聽之類的身體感受，而是你就是知道一些東西。顯然這是我的特殊技能，因為「知道」來自於思想，所以我並不是很喜歡這種能力，而且要分辨出哪一個思想是我自己的思想，或是來自外部某個地方的思想，確實具有挑戰性。但當我與擁有其他技巧的人交談時，我發現每個人都有相同的擔憂。當然，某人可能會「聽到」某些東西，但他們不是每一次都知道自己聽到的是來自內部還是外部。

重點是，你不該因為自己沒有適當或清楚地感覺到能量，就自責或懷疑自己。相信我，如果你一直在進行個人能量管理，那麼你就有足夠的自我意識和理解力可以處理外部能量。你繼續練習，就能學會信任自己和經驗。此外，你不是非得需要感覺到特定的能量才能清除它。還有其他方法可以判斷是否存在不合適的能量。事實上，最好、最可靠的方法是了解事物處於和諧的感覺。如果你知道房子處於能量和諧狀態時的感覺，那麼你就會知道房子什麼時候是處於非和諧的狀態。與個人能量工作不同，你不需要辨識障礙的性質或追溯根本原因。你可以簡單地進行常規清理，以消除不適當且通常是停滯的能量。

我應該指出，在大多數地方和大多數情況下都是如此。儘管還有更麻煩的能量情況，例如鬼魂或懷恨在心的土地靈魂（它們通常有很好的理由），但這些情況在日常生活中並不如我們想像的那麼普遍。在這種情況下，最好請專家處理。我們不需在日常生活中處理這類高等級的案件。在多數情況下，你完全有能力照顧自己的空間，就像你能夠照顧自己的能量體一樣。

即使你認為自己不擅長感知能量，你會選擇這本書也是有原因的，而這個原因可能與感覺有什麼地方不對勁有關。光是這一點就表示你能夠感覺到能量。有了從管理個人能量中學到的知識，你就可以在周圍空間培養健康的能量。一旦你朝著能量和諧邁進並實現了自己的價值觀，當周圍的空間不和諧時，你就更容易注意到。身為有自由意志和能夠與宇宙共同創造的人，你有機會和方法幫助周圍的世界找到並維持和諧。

一般來說，我們知道空間的目的。會創造這些空間是有原因的。建造房子的目的是為人們提供安全舒適的住所，尋求祥和與復原的空間，去創造，並彼此相愛。汽車是為了將人們安全送到各地。理想情況下，工作場所是可以做好工作，並提高便利性和高效性的環境。我知道，有時候感覺情況並非如此，但是如果你的工作場所能量不和諧，你可以幫忙改變這種狀況。即使是你為自己完成的工作，也會開始改變工作中的能量，因為你正在活出自己的價值觀，即使別人沒有，你也無法阻止隨之而來的改變。你的和諧能量會透過行為舉止表現出來，就像把石頭丟到池塘裡，漣漪會向外擴散一樣。如同你幫助自己更接近自己的價值觀和生命目的一樣，你也可以幫助空間朝著實現其目標邁進。

既然你有清理自己能量的經驗，你會發現清理空間非常簡單。老實說，清除內部理智和情感能量可能是我們此生中最困難的工作。大多數書籍或學習曲線的起步很容易，接著會隨著你越來越深入，而變得困難或複雜，但是在這裡卻恰恰相反。

這聽起來像個愚蠢的比喻，但也許對你來說很合理。我小時候對化妝品很感興趣，那段時間到府推銷風靡一時，我記得在這些聚會上的主持人總是從護膚開始：洗臉、上化妝水和特殊護理。他們從不想賣唇膏、眼影、睫毛膏等有趣的東西給你，直到你的皮膚狀況好了。他們說在添加有趣的色彩之前，你需要有個健康的基礎。

能量工作就是這樣。你必須堅強、清晰並集中在自己的能量體上，才能做向外的戲劇性工作。賣化妝品的人說的沒錯。無論你將多少顏色添加到臉上，都無法取代皮膚的健康。同樣地，你可以每天清理空間兩次，但是如果你的能量一團亂，那也沒有用。能量的不和諧會污染空間。這時候做什麼也都只是拆東牆，補西壁。也就是說，你一點都不需要做到「完美」，也不需時時照顧周圍的空間。我們永遠都是半成品。但是走向健康與和諧，與重複相同的不和諧循環是不一樣的。

要記住一件事，不管你想做什麼能量工作，你才是最重要的。你的一部分和你的能量就是你的意志。我在下面分享的想法和過程只是樣板，你可以使用這個樣板來創造自己的獨特練習。無論你做什麼，都應該源自你的中心、信念和價值觀。有些人會遇到具有挑戰性的情況，例如與沒有同情心的人共享空間，或者有危及隱私或其他問題的工作場所，因此有些想法並不適用。我納入了一些替代方法，但你是有創意的人，可以替任何問題設計出解決方案。有志者，事竟成。如果你有照顧空間能量的意願，那麼無論碰到哪種情況，你都能創造出方法。

在我的信仰體系中，包括能量在內的所有事物都不只與其他事物相連，也與神性相連。我對神的感覺是，祂並不頑固，不會要求非常特殊和特定的儀式。相反地，祂是流動的，喜愛和諧，而且願意與你合作。保持開放、有創意和負責的態度。

下面所述的過程是一種基本的清理、儲存和培養方法，我會用在需要清理的地方以及自己的家，這是我每月做一次的常規護理，也會根據需要進行。如果有客人來訪，我也會這樣做。你將看到，你可以客製化，特別是在培養方面，以創造一個充滿活力的空間，來完全支持你所追求或想要的。之後，我們將重點放在能於空間中進行持續能量工作的技巧，以及用於保持其他事物（汽車、行李箱等）能量和諧及安全的隨身能量工具。

基本的空間清理、儲存和培養

清理

對於你不熟悉的空間，或是你第一次要清理的空間，甚至是你熟悉的空間，也請花點時間先熟悉一下，再進行任何操作。從一個點開始，然後沿著界線走，繞圈往內，跟著每個房間每個牆的邊界，打開衣櫥的門、打開浴簾，盡可能靠近角落，並檢查通常打開門後靠牆的地方。我不會打開所有的櫥櫃和抽屜，但是如果你願意，打開也沒關係，尤其是平常就不常打開的那種。

第一次走的過程中，請注意兩點：熟悉空間並注意任何明顯「不對勁」的能量。如果覺得有些事情比你想解決的更大或更不和諧，請考慮與專業人士甚至是經驗豐富的朋友聯繫。一般來說，你可以找到能量的組合，基本上感覺是帶著停滯狀態的和諧、適當的能量。清理完空間後，你可能不必再次進行這種緩慢、調查性和探索性的初步操作。我試著讓過程越簡單越好，因為那樣我才更有可能持之以恆。但是第一次做的時候，值得好好花時間在這樣的檢視過程中，因為可以使你習慣有條不紊地在空間中行走，只注意能量，其他的都不管，熟悉那一個特定空間。

搖動和喚醒

清除空間中的能量可以透過多種方法完成，但是我發現分成兩步驟進行的清除過程最適合我。第一部分是分解並喚醒能量。停滯的能量需要分解或搖動，讓清除變得更容易。適當的能量喜歡時不時被喚醒，以防止變得停滯不前。請記住，能量本來就是要流動的。我喜歡用噪音和手鈴來分解和搖醒能量。如果沒有手鈴，可以鼓掌、用湯匙在鍋上敲，或在小容器中裝乾豆，然後搖晃。你不用買任何東西。對於不適當有噪音的空間，例如在共享的辦公室空間中，你可以透過吹氣或使用手持風扇來移動能量。你甚至可以在沒人注意的時候揮動你的手。

確定要使用哪一種發出噪音或能量移動的技巧，然後選擇起點。對於有多個樓層的空間，我會從頂樓開始，然後向下進行。要清理時，我會逆時針移動。你沒有必要照做，尤其是對你沒有意義的時候。我會這樣做的原因是來自於我的魔術訓練，也就是運用反向（或逆時針運動）來釋放能量。如果這對你有意義，即使這不是你目前信仰系統的一部分，也請合併運用。任何帶有象徵意義的東西都會增強你的做法。其下如其上；其上如其下。

沿著牆壁在空間中移動，特別注意角落、衣櫥以及門或家具後面的區域。以適當的速度走。不要移動得太慢以至於過程花費太久的時間（你還會沿著這條路線再走幾遍！）但是要走得夠慢，好讓你感覺到任何特別頑固的停滯區域。如果發現了這樣子的地方，請停下來搖一搖、敲一敲或拍一拍，直到你感覺到能量放鬆為止。

我這樣做的時候，通常會跟能量說話。如果我有音樂感或節奏感，很可能會每次都吟唱很好的歌。但因為我沒有，所以我會像周圍沒有人時，用與狗說話的方式說話。一定有人知道我的意思。我會說：「好，小傢伙，該起床了！讓我們往上搖、往外搖。

看起來活潑一點。不要再打瞌睡。那表示躲在角落裡的你，我正在看著你。」你不應該複製別人說的話，而是應該自然而然地做自己。你正在與這個空間和能量建立關係。不要靠著成為別人來開始這種關係。我有點隨興，有時我覺得我很搞笑，所以這就是我跟能量說話的方式。用你的聲音和言語傳達喚醒和擺脫慣性塵埃的想法。同樣地，如果你在無法發出聲音的公共場所工作，那在腦袋裡想就好。這很有效，只要確定你的焦點像雷射一樣銳利，在整個空間中都這麼做。

清潔

回到清理的第二階段：清潔。這是我們積極釋放任何不適當或停滯能量的階段。如果你一直想趕快用鼠尾草棒，那麼現在正是時候，不過選擇你喜歡的任何其他清理技巧也是可以的。與清理相關的任何焚香都是合適的。注入太陽或寶石能量的水可以當成清理劑，用來噴灑。走路時也可以帶著蠟燭（如果蠟燭的煙霧會刺激你，那用手電筒也可以）。在公共場所使用智慧型手機裡的手電筒可以是一種安靜、低調的方法。

如果你使用的是鼠尾草束，我有一些祕訣可以分享。用跟焚燒線香的方式一樣燃燒鼠尾草束。點燃一小部分，讓它燃燒一會兒，然後吹熄。雖然火實際上已經滅了，但草束會持續悶燒。如果捆得夠緊實，請隨身攜帶打火機（長柄打火機最容易使用），如果煙熄了，只需要重新點燃，或者輕輕吹著在悶燒的部分，讓它繼續燒即可。如果捆得很鬆散，請攜帶盤子或其他耐火的容器來盛灰燼，因為鬆散的草束比較容易有灰燼掉落。

至於水，請使用專門的噴瓶，尤其是在添加精油的情況下。如果你沒有噴瓶或不想噴水，只需要將水裝到有柄的杯子中，這樣比較容易用一隻手拿，而另一隻手用來撒水。把幾根手指伸進去沾水，並輕彈來撒水。你不需要整個空間都灑，用一個簡單的象徵性做法就可以了。使用蠟燭時，要放在足以容納滴落蠟油的安全底座中。

從搖動和喚醒步驟向同一方向追溯你的路線。確保煙霧、水或光線直射整個空間，並注意會有停滯能量的那些隱密處（角落、門後等）。再次與能量交談，告訴能量你想要做什麼。你可以訂定自己的固定短語或吟唱詞，也可以像我一樣對著那些空間說說話。我會說：「不適當或停滯的能量，回到地上重新分配到你應有的位置」之類的話，而且因為我喜歡自娛，我會說：「你不必回家，但你也不能留在這裡！」但是我會讓它知道我在開玩笑，因為它確實必須回家。

完成後，如果是使用蠟燭，要記得將蠟燭吹熄。如果你使用的是鼠尾草棒，則可以很快地沾一下水，只要將火熄滅就好，不用整捆浸泡下去。我有一個裝滿沙子的大鍋，我會將鼠尾草束點火的那一面朝下放在沙子裡。我的一位老師說，如果你使用鼠尾草，則必須在完成後將所有剩餘的鼠尾草燒掉，直到全部燒完為止，當作是一種供品。我不會那樣做。我現在用的鼠尾草束綁得很粗、很緊密，非常耐用。那個鼠尾草束和我已經有感情了。我一直都很感謝我的工具，但不覺得每次使用完都要犧牲它們。

儲存

清除空間只要照上述的做法完成就好，但我們不會在此止步。一旦空間變得乾淨整潔，你就會想盡辦法保持這種狀態。換句話說，你想要儲存和保護能量。因為我喜歡讓事情變得簡單、有效率，所以我建立了一個儲存網絡。這沒有看起來那麼高科技或複雜。每年一次，我會在房屋的外圍撒鹽，然後在窗台上放一些橡樹果（每個秋天我都會收集新的橡樹果）。在撒鹽或放置橡樹果之前，我會祝福並賜予它們保護和儲存家的能量工作，請它們只允許有益和適當的能量進來。你可以使用符文、水晶，或任何對你有保護作用的寶石。你大概看得出來，我喜歡用土類的東西來進行儲存，但別怕發揮創意，並使用對你有意義的東西。

儲存過程訂好後，下次做這項工作時（我每個月會進行一次），你就不需要再次繞房屋外圍一圈。你可以站在空間的中央，或者如果你在家中，而且有一個平常會用來做神奇或心靈工作的房間或空間，你就可以站在那裡。站穩，讓自己專注並扎根，就像山式站姿。呼吸時，深深吸入大地的強大保護能量。呼氣時，將能量推向你的空間邊緣，觸摸並讓鹽、橡樹果、符文或寶石變得更有力量。想像空間的能量邊界，想像它既強大又充滿活力。我還經常想像一道從邊界升起的火牆，燃燒掉所有停滯的能量並淨化任何需要加強的區域。

培養

這是最後一步，也是你要向空間精確注入所需能量的一步。創造一個能支持你實現自己價值觀的空間非常有用。儘管我們在任何情況下都可以按照自己的理想生活，無論多麼悲慘或艱難，有一個支持的環境都會比較容易。這一部分，我會使用專門用於祝福工作的撥浪鼓。你可以用特製的撥浪鼓，也可以用裝有乾豆或米的容器。玫瑰水或薰衣草水的噴瓶也不錯。與清理一樣，用與你想培養的能量有關的焚香也可以，就像使用蠟燭或手電筒一樣。

開始之前（相同的路線你要再走一次），花點時間確定你想邀請的能量到底是什麼。每次都可以相同，也可以不同。我的清單會根據生活（或工作，因為我在家工作）的不同而有所變化。我嘗試只留五種類型就好，這樣我才不會忘記或混淆。舉例來說，假設我們要邀請和平、愛、創意和豐盈。這次我照順時針方向走，因為按照我的傳統，這是提高能量的方向，儘管我會建議你朝著與清理相反的方向走，但同樣地，請使用對你有意義的做法。我會大聲呼喚這些能量（不過如果你在公共場所或共享空間，也可以安靜地做這些事情），一遍又一遍，直到它們變得有點像吟唱，畢竟我不太會唱歌。在重複幾次的過程中，我會在搖晃撥浪鼓，驅散我呼喚的能量時，感謝能量來到我的家中。

收工過程

就這麼簡單。與大多數事情一樣，第一次做可能會覺得尷尬，但幾次過後會感覺很自然，而且不需要花很久的時間。就像定期找牙醫有助於防止蛀牙一樣，定期執行這個基本過程可以使你的空間保持新鮮感和得到支持。此外，你會發現使我們直接奔向鼠尾草束的危機狀況會越來越少。我建議把這項工作記在行事曆上提醒自己，因為時間飛逝，很容易忘記。這是經驗之談。

我們家以前養了一隻名叫諾曼（Norman）的可愛伯恩山犬。比起所有住在那棟房子裡的人，諾曼對我們家的能量最敏感。牠有一個非常特殊的行為，讓我知道該照顧房子裡的能量了。八年來，牠都提醒著我，直到二〇一五年九月牠離開我們之後，沒人提醒我，而我當時也沒有意識到——當然，直到事情變得很沉重和令人討厭，我們都覺得噁心時才發現。我想著到底哪裡出問題，才突然意識到現在家裡沒有諾曼來當能量晴雨表，距離我上次清理房子已經好幾個月了。

從這個故事可以看出，事情很容易不斷積累，直到達到有問題的程度，甚至那些照理應該了解的人也會忘記。現在我會記在行事曆上了。我選了每個月的第一個星期五來做這件事。我喜歡在每個月初都有新鮮能量的想法。星期五對我來說很合理。這是金星日，金星與金牛座有關。金牛座經常以固執著稱（現在想想，諾曼就是固執的金牛座）。金牛座也與我們珍視的事物有關，並且我會進行能量工作來支持實現我的價值觀，所以這對我來說很有意義。你已經知道你不必照我的方法做。想想看什麼是對你有意義的事情。

以下房屋清理、儲存和培養能量過程的基本步驟清單：

一、清理，第一部分：搖動和喚醒（放鬆能量）

二：清理，第二部分：清潔（清除不適當和停滯的能量並恢復適當的能量）

三、儲存：在每次清理之間保持空間的清爽

四、培養：邀請你想要的能量進入

空氣清新劑技巧

我之所以稱之為「空氣清新劑技巧」，是因為它們使我想起了空氣清新劑，這有助於保持每次清理或能量工作之間的氣味以支持特定的能量。這一節補充了我在書上裡讀過的一些方法，有些人會用這些方法做定期清理。儘管這對某些人有用，但對我自己卻沒有用，所以我才會找出適合自己的過程。每個人都不一樣，所以請多方嘗試，看看哪種方法最適合你。

水晶、寶石和符文可以隱藏在空間周圍，家具下或門框上（也許可以用膠帶或接合劑固定）。根據你選擇的項目，它們可以清理、儲存或培養特定能量。不要犯下別人推薦什麼就買什麼的這種錯誤。找出適合你的物品，並有意識地決定其用途。有很多書籍和網路資源列出了傳統或神奇的關聯。有些人每年會集中這些東西一次，然後放在流水中，使其流過鼠尾草煙霧，或放在滿月或陽光下的窗台上進行清理。

鹽通常會被拿來藏在空間四周，以吸收不適當、停滯或極度不安的能量。用普通食鹽完全沒有問題，但很多人喜歡粉紅色或夏威夷紅鹽。這些鹽因為鐵含量高而呈現粉紅色。夏威夷人會使用紅鹽來清理和祝福物品和空間，這與某些文化（尤其是美洲印第安人）使用鼠尾草的方式類似。你還可以將鹽溶解在水中，在整個空間裡灑水。當我要接待很多人或我不認識的人（因此不熟悉他們的能量）時，我就會撒鹽，然後在我的歡迎門墊下滴一滴薰衣草精油，當作淨化進入我家的所有能量的方法，並在每個人進來時，都鼓勵祥和的能量進入。你也可以在辦公室、工作隔間或工作區的入口處做類似的事情。

當然，你可以隨時焚香或點蠟燭。如果你喜歡定期使用這些物品，那請有意識地使用它們，請它們根據需要清理或培養是很簡單的事情。一如往常，選擇能夠支持你想培養的能量的線香。有些人喜歡使用特定顏色的蠟燭來代表不同的能量。有很多可以參考的色彩理論資源。同樣地，最重要的是選擇對你有用的物品。舉例來說，在中國色彩理論中，紅色象徵著豐盈。但是在美國，紅色通常與激情、意志或愛有關，而綠色（美金和大地的顏色）通常被用於繁榮。

門廊或窗戶附近的風鈴發出聲音時也會發出能量。一般來說，有著較清亮聲音的小風鈴會產生如歡樂和希望等較明亮、振動頻率較高的能量。聲音低沉的風鈴將鼓勵穩定、根深蒂固的泥土能量。你可以根據需求替換，也可以透過幾種不同的方式來創造能量平衡的體驗。

我很提倡使用現有的材料，但是如果你有能力投資一點，那麼桌上型噴泉非常適合用來保持流動、祥和和輕盈的能量，尤其是那種有小鈸，偶爾會發出悅耳聲音的那種。如你所知，流動的水是非常適合清理能量的方法，因此在你的空間中有著不斷流動的水肯定能保持新鮮。輕柔的叮噹聲為空間的整體能量增添了一點冒泡的活潑感。

以我的經驗來說，鼓勵空間中清晰、流動及和諧能量最普通而且最好的方法就是保持空間整潔和身體乾淨。我們很直覺地能了解這一點。在大學時，我和朋友們每次要坐下來研究重要論文或準備考試時，總是會先打掃房間，我們以前都會笑這件事情。我們以為這是拖延的一種方式，但是我們內心其實知道，如果能在乾淨的空間中做事，能量和專注就能得到最大的支持。無論做什麼，都不要在空間中放置任何無法支撐你想培養整體能量的物品。你不喜歡但出於義務擺出來的小東西，會在你每次看到它時繼續產生可恨的能量，因此會產生並傳播那樣的能量。從這個意義上來看，你家中的每樣東西都像是能量空氣清新劑……並不是所有的「氣味」都是令人愉悅的。

此外，你清理的東西會影響空間的能量。很多人已經想到與各種清潔產品有關的毒性問題，因此在選擇清潔溶液時絕對需要考慮這些問題。這些複雜的問題需要大量研究，並且個人需求會有所不同，因此我無法就此提供建議，只能說要意識到這個問題並做出明智的選擇。

儘管如此，如果你跟很多人一樣，主要使用水、醋和小蘇打來清理，那可以添加精油來邀請特定的能量。請勿將精油與烘焙用的香精混為一談。我補充這一點是因為我以前也不知道兩者有什麼區別。即使你使用的主要是市面上主流的清潔產品，也可以簡單地用水和精油在清理過的表面上再擦一遍。我不會直接把精油加到主流的化學清潔劑中，因為我不知道是否會有不良反應。在任何表面上使用胡椒薄荷（或任何精油）之前，請先小範圍進行一點測試，以確保不會造成損壞。加精油時要特別小心，因為一點點就有很好的效果。在我早期以能量為中心來清理家裡時，聽說胡椒薄荷能吸引豐盈能量。這對我來說很合理，因為薄荷隨隨便便就長一堆，根本就是豐盈的縮影呀！所以我會把胡椒薄荷精油加到水中用來拖地。我有次因為想讓我的房子充滿牙膏爆炸的香味，加精油時下手狠了一點。幸好當時是春天，我可以打開窗戶散散味道。

水和精油不只可以在拖地時使用。其他關鍵區域是窗台、門框以及護壁板。這些區域通常會被忽略，就像容易被忽略的水平小表面，能量可能會卡在那些地方。而且因為門是能量大量進出空間的地方，因此具有能夠清潔和增強能量的門檻是很有幫助的。我認為這就像抽象的洗車場，可以使進進出出的人有最好的狀態。

你會在市面上看到複方精油，例如盜賊精油（thieves oil），這是專門為了清潔和淨化所調製而成的精油配方。佛羅里達花露水（Florida water）裡有精油成分，實際上以酒精為基底的（因此在火源附近使用要小心），其用途廣泛，從淨化到保護再到緩解抑鬱都可以使用。我沒有用過盜賊精油或佛羅里達花露水，我比較喜歡單方精油或專為我的特定需求所創造的客製複方精油。但是這些都是流行的用法，在任何有關能量工作的書中都應該提及。

有種產品有很多名稱，包括靛青漂白粉（blueing）、木藍（anil）和瑞基特的冠藍色方塊（Reckitt's Crown Blue Squares），可以在洗衣服時加入，使衣物變白。一些民間魔術傳統會使用這類的產品。將方塊溶到水裡。就像放置鹽的做法一樣，將水倒入碗中，擺放在空間裡的各處，或（如上面的清理部分所述）四處撒，以進行清理和保護。我自己還沒有嘗試過這些方法，但知道有人發誓這非常有效。

喜馬拉雅鹽燈非常受歡迎，據說可以完成從清理能量到啟動空間來促進睡眠、增強注意力的所有工作。我不知道這種燈是否能做到那些事，但我確實知道鹽和光都是清除能量很好的方法。在空間中撒鹽還有其他的方法，但是就像桌上型噴泉一樣，如果你發現撒鹽對你來說的效果很好，鹽燈可能會是不錯的投資。在投資鹽燈之前，先嘗試放置鹽碗。

我還沒有嘗試過的另一種產品是樟腦磚，有些人會將樟腦磚放在一碗水裡，然後將碗放在床底下來清理房屋的能量。這些流傳已久的民間療法非常有趣，但是對我來說，如果沒有共鳴，那麼用這種方法就沒有任何意義。另外，我喜歡說，日常家居用品就辦得到的事情，不需要額外添購用品。話雖如此，還是不要害怕接受新想法。只有嘗試過才會知道，如果你的好奇心將你拉向某個事物，那可能是有原因的。相信你的直覺。

我會提最後這幾項產品，是為了避免你查網路，或去當地的超自然商店時，感到驚訝或措手不及。找到適合自己的產品時，我們總是喜歡分享自己的熱情。這很好，而且我們經常可以找到對我們有用的新事物。但是過於熱情可能一不小心就變成傳道，讓人說出「無論你想做什麼，該產品都是最好的選擇」這樣的話。我想讓你知道那不一定是真的。舉例來說，佛羅里達花露水這樣的東西與南方和巫術有著深厚的文化連結。對這種連結有共鳴的人，無論他們是否在這樣的文化中長大或是實踐的人，使用佛羅里達花露水的效果可能都會非常好。但是對於像我這種中西部女孩來說，並沒有那麼多的共鳴，所以可能不會比我可以使用的其他方法來得好。如果有對每個人都同樣有效的方法，那麼我們就會知道，因為老實說，比起不斷嘗試和犯錯、實驗和努力，誰不喜歡簡單、百分百可靠的答案？因此要抱持開放和好奇的心，但也要明智覺察。

空間能量工作的行程樣板

每天

◎早上鋪床

◎晚上整理

每週

◎定期帶著意念打掃家裡

每月

◎清理房子（如本章所述）

每年

◎保護工作：在房子周圍撒鹽、在窗台上放橡樹果、在車裡放護身符、在錢包、皮包和手提箱放重新加持過能量的符文

視需求

◎與客戶道別後清理，準備歡迎門墊、焚香、蠟燭

隨身能量工具

很多人會為了特定目的而佩戴或攜帶象徵性物品，例如放在錢包中的幸運硬幣或祈福小物、口袋中的小水晶或當成珠寶佩戴的護身符。我們並不總是將這些視為能量工作的一部分，但它們確實如此。幸運硬幣是為了吸引對我們的努力有利的能量。祈福小物可以提醒我們專注在自己的力量上。護身符吸引它量身訂做要吸引的能量給我們，像是保護。有些人會將一些物品放到護身符的小袋子裡。任何能帶著意念吸引或排斥能量的東西都可以。

我每年進行年度房屋和窗戶保護時，總是會更新隨身物品。對於車輛，我使用了一個零食大小的小袋子裝鹽、橡樹果和寫有歐爾（Eolh）符號的符文[1]，將會有一個幸運的新影響透過潛意識或直覺本能出現在你身邊。我用一種可以放進烤箱烘烤的黏土產品（例如 Sculpey 軟陶）製成了符文。這三項都是為了保護。製作符文時，我會多做很多。我在錢包裡放一個，在旅行時也在每個行李都各放一個。

保護不是這些隨身能量吸引器的唯一目的。小顆的玫瑰石英可以傳遞愛的能量。一點點薰衣草可以促進平靜感。塔羅牌或神諭卡，甚至是上面寫了字的紙，都可以培養出它所代表的能量。隨身能量工具不限於你攜帶的物品。我知道女人會用特定顏色的指甲油或穿上代表她們想表達的能量的香氣。儘管聽起來很老掉牙，但是一個微笑或友好的話語也可以是強大的能量產生器。

我平常確實喜歡使用隨身能量小物，但是它們就像配件，因為日常生活和整個世界中，你能做的最有效的能量工作就是管理自己的能量。不必覺得要無時無刻創造和攜帶某些東西。你已經做到了；你就是一個活生生的移動式能量產生器、散播器和指引器。說到要當一個走到哪都能創造能量的人，現在是時候進入能量工作中最令人興奮和最重要的一個方面：透過隨時隨地的祝福來體現世界的變化。

1 譯註：代表字母「Z」，也有「等待機會」的暗喻。

CHAPTER 10

透過祝福來共同創造世界

你覺得充滿力量嗎？如果到目前為止你已經完成了一些建議，那應該會覺得很有力量。你正在改變自己，從一個被過去束縛、習慣做出反應而不是回應、與價值觀分離的人，成為一個自由、對世界和他人有意識做出回應，並活出靈魂目標的人。你正在將環境從停滯不當的能量轉變為支持你核心價值的、自由流動的健康能量空間。

你正在做的事既神奇又驚人。光是做這些，就足以讓任何人感到自豪。但是你還可以做得更多：參與創造和諧的未來。我認為，只有讓自己自由，並學會掌握自己能量的人才能有效做到這一點。確實，我有時候會懷疑世界上所有的邪惡都是那些沒有處理過自己陰影的人所為。我認為這是真的，一部分原因是，除非變得自由和對事情能主動回應，而不是受控和只會做出被動反應，我們才能看到除了自己問題以外的事情——不是因為我們是自私的傻瓜，而是因為我們受過傷、很脆弱，需要幫助，而不是批判。同樣地，需要一定的經驗積累才能獲得這樣的機會。

創造未來事實上是從創造(或更準確地說，是揭開)自己和管理個人環境合情合理的過程。這也是一種禮物和榮譽。此外，這個責任落在每個活在這個星球的人身上。不管我們是否意識到這一點，我們都是透過行動或無所作為來創造未來。如果你還活著，那麼無論你是否知道，你都在共同創造這個世界。大多數人是在沒有意識到的情況下展現和創造世界的。

但是，你知道自己的力量。有人說，權力越大，責任越重。忽略能量工作的這一方面，你就是在否認自己的潛力，也否認了你可以提供給這個世界的能量良藥。你不必等到完全獲得療癒或受過訓練就能完成這項工作；你可以立刻開始，也應該馬上開始。你要做的是表達自己的人性，當一個能對所有生命帶來祝福的人。相信我，在完成所有辛苦的工作之後，這簡直輕而易舉，就像在玩遊戲一樣。事實上，我都覺得自己像個現代版的聖誕老人，贈送禮物給全世界，只因為會讓自己開心。希望你在向世界各地揮灑魔力時也有同樣的成就感。

創造世界

我保證這部分會很有趣，確實如此。但是首先我必須分享一些重要的想法，這些想法不一定是有趣的部分。在本節之後，困難的部分就結束了。不過別因此跳過這個步驟，因為你當然希望能夠進行得越有效率越好。

寬宏救恩的正統派觀念（Generous orthodoxy）是激進的當代基督教運動，無論你的靈修之路有沒有這一點，你都可以在生活中應用。那些遵循寬宏救恩正教的人正在將傳統的基督教教條轉變成更加開放、靈活和充滿愛心的教條。當然還不只如此，但是我們在這裡只關心一般原則。這個原則是，要治癒某樣東西之前，你必須先愛它。這可能是透過健康能量工作創造未來過程中最具挑戰性的部分。這要求我們超越「我們與他們」的二元性，超越分裂我們的事物、超越情感的反應性、超越思維的批判。這會讓我們記住，每個人都受過傷、會害怕和焦慮，而批判和攻擊只會造成進一步的傷害。寬宏救恩的正統派觀念仰賴著健康的洞察力和充滿愛的動機。對於那些有興趣幫助世界（以及世界上每個人）並為所有人創造更好、更健康未來的人而言，我們必須愛上這個世界及生活在其中的人，就像我們要先有愛，才能開始療癒自己。

我們想要改變世界時，經常會認為健康的行為才是能影響世界的行為，而沒有意識到其實所有的舉動，不管是充滿關愛、不健康還是惡意的，都會造成變化。我相信這是真的，而這也是我們該照顧自己的傷口和問題的重要原因。如果我們一下子努力做一些善事，一下子又對這個世界生氣，那就像我們的行動相互抵消了。

還記得那個男孩與兩隻狼的故事嗎？就像那樣。有人告訴我這也像量子場論。能量無時無刻地流過我們。能量在我們體內時，我們會塑造它、賦予它個性和風味，並在我們用每一個行動、堅定的信念和滋養的情感將它釋放回世界之前，對其進行改造。我將根深蒂固的思想（或者如前面所描述的「放任念頭」）和稍縱即逝的想法區分開來。稍縱即逝的想法是自己出現的思想和建議，我們可以選擇要聽從或讓它過去。放任念頭或根深蒂固的思想是我們培養或餵養的思想。同樣地，滋養的情感與有經驗的情感不同之處，在於我們有情緒並不表示我們就在滋養並維護著它。透過能量工作，我們了解到可以將情感釋放回地球，以進行轉化和重新分配。

我認為理解這一點很重要，因為像吸引力法則這樣的觀念，有時候可以被極端化，使我們活在對自己的思想和感受的恐懼中。我知道一直有立意良善的人會挑戰我的說法，認為我使用了他們認為負面的詞彙。對我來說，宇宙不是尋找漏洞或失誤來懲罰我們的律師。我不想讓你生活在焦慮之中，擔心會犯一些可怕的錯誤，只因為使用某個詞彙或短暫的情感就會造成世界的不和諧。這種想法在最好的情況下會使人分心，在最糟的情況下會使人麻痺。

我們一時的想法和感受不一定能餵養不和諧的狼。但是如果我們已經培養出足夠的思想或情感來表現行為、言語、信仰體系和情感表達，那麼它確實會養活一隻狼或另一隻狼也影響了我們自己的能量體以及世界上的能量趨勢。

讓我們花一點時間記住，即使我們沒有練習良好的能量培養，我們還是在培養能量。它都是一點一滴慢慢累積的。對路上其他駕駛的咒罵或吼叫似乎是一種有益的發洩方式，因為通常沒有人會聽到我們的聲音，也許有一些心理學研究證明了這一點。

但是我認為，對我們自己和整個世界來說，長期成本超過了收益。此外，如你所知，還有其他方法可以管理沮喪的能量。表達這種憤怒和沮喪會滋養內部能量並影響周圍。我無法判定這種能量對其他人來說適合還不適合。我們都要自己決定用什麼能量來支持我們的價值觀和信念，但是我願意打賭，憤怒和挫折感絕對不在任何人的重要人生價值觀清單上。

要注意到這一點可能不太容易，特別是當我們面對信念與我們相反的人或想法時。舉例來說，如果我們相信婚姻平權，那麼我們與不認同婚姻平權的人交談時，很容易就以批判的態度，而不是抱持好奇心來看待他們。但是每當我們說出類似「他們怎麼會這樣想？他們怎麼會這麼愚蠢？」這種話時，我們就在助長欺凌的能量傾向。我們的目的可能是協助他們接受，但是由於批判助長了我們的言語和信念，以致於我們的所作所為對促進寬容毫無助益，而是恰恰相反。

這與寬宏救恩的正統派觀念有關，因為我們必須記得做事情要從能量和諧的角度出發，不包括批判，但包含了好奇心。不要問：「他們怎麼會這樣想？他們怎麼會這麼愚蠢？」我們可以誠懇地問：「你能多聊聊你的信仰嗎？」這樣一來，我們或許就能發現這種信念的根源，也許是源自於破壞性的宗教教養造成的嚴重情感傷害。我們可以看到憤怒的大人背後那個害怕的孩子，害怕被送入地獄而與家人分離。如果我們能多照顧受傷的孩子，而不是與生氣的大人吵架，就能更輕易創造一個具有融洽接納關係的未來。

我們可能無法直接與那個內在的孩子對話，但是我們可以創造一種能力傾向，最終將促進康復。這需要時間——有時候需要很長的時間。舉例來說，如果你的親戚、同事或熟人的觀點與你的觀點相反，那麼你只需傾聽即可，而不是翻白眼或發表頭頭是道的激烈言論。接著提出好奇且尊重的問題，然後再多聽一點。不要試圖拿自己的觀點來高談闊論；給他們發表自己想法的空間。讓他們知道可以安心地跟你談心。你對他們的尊重和好奇心越來越多，他們最後可能也會用同樣的態度對待你。建立一座你們可以討論而非爭執的橋樑。你們會找到有共識的領域，並從那裡建立連結。你可能會發現你們擁有共同的目標，但在實現目標上仍存在差異。這聽起來似乎是一件小事，但是在一個來自不同政黨的人甚至無法互相對談的世界中，這是重要的一步。

在這個瞬息萬變的世界中，我知道很難保持耐心做創造未來的深入工作。相信我，我每天都沒有百分之百地實現自己的價值觀。重要的是繼續朝正確的方向前進，當我們偏離軌道時，就像一個好機長一樣，要糾正自己的航向。能量工作是一場長途戰。事實上，我最近才認識到的這項工作，甚至有機會做更深層次的擴展。這是我經歷過的，不是讀來的，我自己也還在摸清頭緒。如果你很好奇，請參閱附錄二。

最後說點開心的吧。就像我們的行為會導致與我們理想相反、意想不到的能量轉變，而支持價值觀的小動作可能會滋養令人興奮且和諧的能量領域。我之前參加的一場會議中，我的朋友薩莎發表了精彩的演講，她介紹了塔羅牌和魔術，以及勇敢面對自己陰影的力量。她給每個與會者一個附加了單詞或短語的亮片瓶。那些小禮物是她將能量延伸到世界的方式。一位與會者（我的另一個朋友）收到一個寫了「動起來」的訊息。

這位朋友正面臨人生危機，她知道自己需要改變或做某件事，只是不確定自己到底想要什麼。在兩個月內，她決定辭職、收拾行囊裝上車，開始尋找她的真實自我。在六個月內，她將計劃付諸實行。在她開車離開之前的最後一個舉動，就是在她自己身上和汽車上撒亮片。這樣的小東西——一點亮片和一個寫了「動起來」的短箋——變成了能量場的一部分，推動我的朋友動起來，動搖了她一生的能量。

我確定薩莎完全不知道自己的能量行為會如何發揮。她只是照著自己的價值觀活著，將內在最美好的部分發揚光大，並以一種和諧而優美的方式深深影響了至少一個人的生活。你永遠不知道什麼小動作會成為更大轉變的一部分。即使你覺得自己無法採取大行動，你仍然可以成為推著世界走向和諧的一個齒輪。

祝福

過去的幾年來，祝福一直是我最喜歡做的事情。這是從某個秋天開始的，當時我正在接受嚴格的薩滿冬至儀式訓練。我和其他學生都以祝福者的身分受訓。我們學會如何向盟友、來幫助我們的靈魂，以及周圍的世界借取能量，以祝福參加儀式的人。當然，訓練的一部分包括照顧自己的能量體來做好準備。這項工作是如此神奇和令人心滿意足，以至於我在課程完成後還是繼續獨自研究祝福的藝術。我參考的主要書目是約翰歐唐納休（John O'Donohue）的《祝福我們之間的空間》（To Bless the Space Between Us），這是一本充滿恩典和智慧的好書。

你可能會想：「祝福人與能量工作有什麼關係？」當我受訓要向靈魂和大自然借能量時，我開始認為祝福是一種能量工作。我繼續探索時，很好奇祝福與禱告有何不同。兩者有一些相似之處，某些方面來說，祈禱也是能量工作。祝福他人比祈禱更加積極主動和具有力量，這是吸引我的重要差別。直接給予某人（或很多人）的祝福，似乎更加私人和親密，而祈禱是代表某個人與神對話。祝福是你賦予的東西，一種朝向某人的能量運動，而祈禱則代表某人採取行動。祝福是共創的直接方式，而祈禱則是離直接參與稍遠一步。除此之外，我也喜歡祝福具有詩意、溫柔，和優雅的感覺。

在本書中，我盡量使用最中立的語言。我使用「祝福」一詞冒著風險，因為它對我是如此珍貴。如果這個詞不適合你，我希望你可以在心裡以「能量」或任何最適合你的詞彙來代替「祝福」。

如何祝福

在討論如何祝福之前，我們應該建立誰可以給予祝福的規則。你必須接受培訓或受命嗎？你是否必須達到一定程度的能量和諧？你必須做到完美嗎？幸運的是，答案都是否定的。事實是，任何人都可以給予祝福。如果有人打噴嚏而其他人回答「上帝保佑你」，那就是一種祝福。如果朋友要去旅行，你說「一路平安」，那你也是給出了祝福。某些祝福是在沒有太多意念或意識的情況下給出的，例如常見對打噴嚏的反應。

祝福無時無刻發生，也總是和諧能量的甜美露珠。那為什麼我們一群人還要為了祝福冬至儀式而受訓呢？我想跟任何人接受任何東西的訓練是一樣的道理：為了變得更好。幾乎任何人都可以按照指示做蛋糕、畫房子或唱歌。想要在任何領域（例如烘焙、繪畫或唱歌）變得更好、更快、更有效率，或為了取得特定成果的人，就得經過訓練。訓練可能透過上課，或是書籍、YouTube 影片的引導來進行。訓練需要無時無刻地練習。你讀多少書都沒關係；但是不練習就不會進步。祝福也是如此。的確，傳授祝福這門藝術的培訓課程或書籍並不多。為了能更熟能生巧，你的訓練包括你已經開發和練習的能量清理、儲存和培養技巧。接下來的幾個段落也有幫助。

我喜歡祝福有很多原因，老實說，我最喜歡的原因很容易，但是在個人滿意度方面卻有如此可觀的回報。你是否曾經照著簡單的食譜做了一道大家讚不絕口，覺得應該超難的菜？還是完成了一件非常容易但看起來真的很有藝術感的物品？甚至更好的是，你是否有過某天剛從床上滾下來，穿上了手邊的舒適衣服，結果遇到你的每個人都稱讚你？對我來說，祝福感覺就像是那種經歷——好像輕而易舉就得到這樣的禮物很不好意思（例如食譜那個情況），或在心裡感到如此溫暖（在祝福的情況下）。

讓我們按照我的做法來分解祝福的步驟，不是因為祝福的過程是經過系統化的，而是為了讓你能更輕鬆開發自己的過程。而且這些步驟並不會一板一眼。我的祝福常是發自內心，就這樣發生而已。這種技巧反映了我平常做事情最常見的順序。祝福需要四件事：能量、接受者、意念和媒介。

能量

為了給予有效的祝福，你需要培養可以適當祝福的能量。因為你給予的祝福會符合你的價值觀，而你已經在培養這種能量，因此不需要額外的工作。你不必擔心會耗盡能量，因為能量是可以流動的。隨著能量流出，會有更多流進來。透過你的個人能量練習，進入的能量已經過清理和培養，並準備好再次釋放到世界上。保持能量和諧的另一個好理由是，每當需要計畫外的祝福時，你所需的東西唾手可得。

除了能量體中的能量以外，你也能吸收其他能量，這是我在夏至儀式受過的訓練。小心你要汲取的東西，因為你可不想將不適合你的能量帶入。我從不會從別人那裡汲取能量，也不推薦這種做法。有人稱這是精神吸血鬼，無論是否獲得他人的許可，這大概都不符合你的價值觀和理想。除此之外，除非你是受過訓練的能量工作者，否則你無法確定知道他人的能量狀態。我主要會從大自然中汲取能量，尤其是附近與我建立了關係的樹木。

雖然我在薩滿訓練的過程中，從祖先和靈魂盟友那裡汲取了能量，但我現在不會在個人練習中這樣做。有一些理論上的原因，我就不在此多加描述，但是另一個原因是這並沒有必要。這個世界上有很多能量，明明很簡單、優雅和容易的事情，額外多了一個步驟會變得複雜。如果你想讓大自然為你提供能量，請務必徵得許可，並在完成後記得說聲謝謝。但是，由於這是一本給初學者的書，所以最簡單，也是我常做的方法就是依靠你的能量。老實說，你已經夠好了。

接受者

除了能量，你還需要一個接收者。你可以祝福一個人、一些人或一大群人。你甚至可以祝福整個世界以及其中的每個人。人不是唯一能從祝福中受益的事物。寵物光是存在世上，對我們就是很大的祝福，也是很好的祝福對象，所有動物都是。物品、地點、專案、通訊和事件也可以得到祝福，例如汽車、房屋、書籍、信件或婚禮。有時候，我會用充滿愛意和理解的方式寄送電子郵件或信件來作為一種祝福。我會祝福手稿，請它們對讀完本書的人來說有價值。因為存在世上的一切都是由能量組成，所以一切都會受益於適當、和諧能量的注入。任何你認為可以從祝福中受益的東西都可以。

重要的是要牢記寬宏救恩的正統派觀念。我們與接收者的關係或態度至關重要。歐唐納休（上文提到的《祝福我們之間的空間》的作者）說：「只要一個人將另一個人放在心上，他們就有祝福的能力。」[7] 除非你將接受者帶入你充滿愛的範圍中，否則你的祝福能力就會綁手綁腳。

我們必須停下來思考一下許可的問題：我們給他人祝福，需要經過他們同意嗎？在魔術中，未經同意就對他人表演魔術被認為是不道德的。借助靈氣等其他更有規範的能量工作，工作者在未經許可的情況下不會為人工作。祝福某人需要事先獲得批准

---

7 約翰・歐唐納休，《祝福我們之間的空間》（John O' Donohue, To Bless the Space Between Us，紐約：Doubleday 出版社，二〇〇八年），第207頁。

嗎？這個問題你必須自己回答。我也是魔術師，而且認為能量工作和魔術息息相關，你應該會覺得我在這個問題上很難找到解答。奇怪的是，並不會。沒有他人的同意，我絕對不會為他人表演魔術，但是我對祝福他人和所有人，甚至不提祝福的事，我完全覺得沒關係。我們每天的生活影響著周圍每個人的能量，就像其他人的能量影響著我們一樣。沒有人在尋求許可；要這麼做幾乎是不可能的，因為反正表達出來的大部分能量都不是經過有意識的方式進行。有時候情況很複雜，但我們會盡力做出最好的決定。現在，我會毫不猶豫地祝福世界。

意念

理想的情況下，祝福是為了給予有益、適當的能量。祝福可以是普通的善意，或者用異教徒認得的話來說：「眾生中的上上善道」。善意永遠不嫌多，因此如果你只是對世界越來越有感情，而又不確定如何表達，那就釋放能量作為善意的祝福。

當然，祝福也可以是具體的。人們會祝福旅行的安全，在困難中尋找力量，或在迷失方向時找到方向。可以祝福汽車安全和平穩的運作。你想在家裡培養什麼樣的能量，你就能以此祝福。有一個問題是，我們要怎麼知道特定能量對接收者是否合適或和諧。只因為某些事情適合我們，並不表示它適合其他人。這時候我會仰賴洞察力、常識和信念。我會盡力弄清楚我是否認為祝福是適當的，並用符合接收者最大利益的意念來給予祝福。我們提出的是關於抽象能量的難題，我們無法百分百確定，而且人類真的很複雜。我認為，我們都盡力而為，並相信我們正朝著療癒與和諧邁進。

媒介

意念一旦形成，就需要一種媒介來賦予它——或者換句話說，將其體現在世界上。大多數的祝福都是用文字來形塑的，這些文字可以是寫的，也可以是說的。如果保持沉默是適當的，用想的也可以。透過歌曲、音樂或觸摸來給予祝福也可以。如果你想透過觸摸來祝福，請務必先徵求對方的許可。與未經許可就祝福不同，未經許可觸摸他人是絕對不可以的。在本書中，我們就把重點放在文字，以免弄得太過複雜。一旦你使用過文字，並且感到自己被引導，就可以探索用音樂或觸摸，甚至是塗聖油或撒聖水來進行祝福。祝福也可以發揮很多創意。

祝福可以很有詩意，也可以簡單明瞭。我認為祝福應該反映出自己最好的一面，即使那個部分沒有得到充分的體現。透過祝福將它表達出來，你可以幫助它更加完整地存在。確切的詞彙，有沒有節奏都不重要；但是「願」這個字在祝福中很常見。約翰・歐唐納休解釋了原因。他的確使用基督教語言，但你別因此覺得反感。他的意思與我們在這些書頁中討論的內容一樣。我將在引言之後解釋。

> 祝福的語言是祈禱，是一種呼喚。這就是為什麼「願」這個詞出現的原因……這是一個祝福詞。「願」能幻想並促使願望實現。在我們傳達祝福時，「願」有如泉源，激發聖靈出現和產生效果。聖靈是這裡所有祝福背後的微妙存在和祕密能量。8

歐唐納休使用「願」一詞，因為這是一個祝福詞，也意味著給予。當他說：「『願』能幻想並促使願望實現」時，他的意思與我們在收集和指導能量時所做的事情一樣。「願」是激發聖靈出現和產生效果的開口，其實就是在說「願」是我們引導能量以影響世界的方式。當他說聖靈是他祝福背後的能量時，我們會說，由我們培養的抽象能量使祝福充滿了活力。

我說過不同的道路都有同樣的心靈原則，我指的就是這樣的例子。有時語言會使我們錯過這一點。如果我們因語義錯過美麗的真理，那就太可惜了，但這是可以理解的，尤其是當某人受到特定傳統的傷害時。如果真是這樣，我們會繞道而行，直到找到不會使我們反感的詞語為止。因此，儘管歐唐納休對「願」在祝福中的作用描述得很完整、美好，但我還是要補充我的看法。我沒有將「願」視為開口，而是將其視為能讓我完全按照自己的意願塑造和引導能量的魔杖。

---

8 出處同前，第 xvi 頁。

不要覺得你非得使用「願」一詞不可。你的祝福應該反映出你的獨特天賦。甚至沒有必要使用特定的字詞或公式。有些人喜歡有個方法，因為使用基礎或樣板來創造內容會比較容易。也有人喜歡完全的藝術自由。如果你有興趣閱讀更多非凡的祝福，請閱讀歐唐納休的書。如果你想看一些普通的祝福，我會在附錄一中提供一些。與此同時，我們來探索一些創新的方法來分享我們在世界上的和諧能量吧。

創意祝福的做法

只透過與人說話或把話寫在卡片上就可以將能量這份禮物給出去。有時在活動或慶祝場合，會有給一群人的祝福。這些都是與他人和世界分享你精心培養的能量之絕妙方法。平常生活中很容易就能注意到我們有多麼需要祝福。只需要每天看到疲憊不堪的同事、一個困惑的朋友、排著長隊的人他們的憤怒情緒，或每天在媒體上出現的無數新聞頭條，都能找到可以需要獲得祝福的地方。一旦你開始對能量工作感到無比滿足，並且隨著你與價值觀和理想越來越符合，你會需要做更多的事情。你可以透過以下幾種方法做到，也許也能激發你想出更多方法。

我最喜歡做的一件事就是在我入睡前祝福我的鄰居。我一開始動機很自私。我的妻子出差的時間總是很長，所以我習慣將能量引向我們房屋的邊緣以進行保護。有天晚上，我想知道是否可以進一步發揮自己的能量。試了一下並發現我可以的時候，我想，不如乾脆把周圍的房屋也盡量保護一下好了。每天一點一點地，這個過程變得不只有保護，我會每天晚上都賦予不同的能量和祝福。我把祝福想成是播下的種子，隨著時間的流逝會逐漸長大，最終散播得更遠。

隨著天氣變得越來越冷（明尼蘇達州的冬天很冷），想到無家可歸的人一定很難受，我的心就揪了起來，就加了舒適和溫暖的祝福。整個冬天，每天晚上，我都祝福整個街坊能夠溫暖，再加上一個額外的祝福。我仍然繼續這項練習；這已經成為我日常工作中很重要的一部分，我每天都很期待。每天晚上的祝福都是不同的，我永遠也不會提前知道我要祝福什麼。靈感總是像某種睿智關愛的存在，在我的耳邊低語。即使沒人聽到祝福，但我還是覺得這是強而有力的工作。

有天晚上，發生了一件有趣的事。當我完成祝福但仍然望著窗外時，我看到一輛汽車從某戶人家開出來。車子駛離時，我立刻想到車上的人：「還有你——你在將這份祝福散播到你要去的地方；它會瘋狂地傳播開來。」不管我所做的事情多麼微小，我都知道至少我做了一些事情來幫助世界變得更美好，這種感覺很好，這是祝福的許多禮物之一。

除了讓自己感覺良好之外，有時祝福也讓我覺得自己像臥底探員，使人恢復健康與和諧。很久以前，我學過一種施咒語的方法，你可以做一些小動作，例如用食指和中指交叉，來安靜快速地發出咒語。這個方法非常適合用於能量工作和祝福。就像「願」這個字被當成泉源、入口或魔杖一樣，我創造了一個動作——簡單地用食指和拇指做「ＯＫ」的手勢，然後輕彈食指——基本上就像魔杖發出祝福的能量一樣。當我出門在外，從他人身邊走過時，我會默默祝福他們，但是完全沒人注意到我的舉動。有時我會用微笑來發出祝福，不過在這種情況下我會與他人眼神交會，所以我的行為會更加明顯。手指輕彈只是一點點祝福，就像一個驚喜或樂趣。微笑就稍微親密一點了。無論用哪種方式，我都會透過實踐自己的價值觀並祝福所有人，盡量傳播善意。親愛的讀者，如果你也開始這樣做，你能想像我們正在創造的是什麼樣的未來嗎？

我的一個朋友會祝福她摸過的所有金錢，這樣錢在人與人之間流傳時，她就在傳播慷慨和繁榮。任何物品都可以這樣做。祝福你分享給他人的食物是一個好方法。如果你平常會自己做菜，那可以注入能量來滋養靈魂和身體。舉例來說，帶菜聚餐或是辦公室聚會、餅乾交換的場合，你可以祝福你所帶的餅乾和其他點心或甜食。誰不想要生活能多點甜蜜？食物、金錢、禮物……你可以將能量投入到任何物品，讓它們變得更加特別。

結語

你有很多機會可以將健康、適當且和諧的能量散播到世界上。你是一個美麗的人，擁有如此強大的能力。透過善意的言語、慷慨的舉止或理解的時刻，透過培養情感接受和發展好奇心，你可以清理、儲存和培養能量。這樣一來，你的每一個言語和行動都能更充分、輕鬆地實現自己的價值觀，從而活出自己的靈魂目標，並創造一個支持所有生命的世界。如果前途一片光明，那是因為你獨特的魔法就是創造未來的一部分。

二〇一六年大選快結束時，我開始了本書的撰寫工作。當天發生的事無疑影響了我對能量的看法，包括能量工作最重要的應用：治癒世界。我想到，分裂之所以變得越來越深，是因為我們正在餵養它。我們一直在餵養名為分裂的那匹狼。現在，我們可以開始餵養健康、和平與愛的狼。你已經讀到這裡。你了解到這是我們進行能量工作的真正原因：我們可以藉由用手指輕彈，或發出衷心的祝福等方式來達到目標。在我們冷靜下來，集中精神並開始有意識地決定自己所創造的東西之前，我們美麗的世界繼續朝著與和平完整相反的方向發展。有了你的技巧，最重要的是，有了你讓世界變得更好的努力，你現在已成為有意識變化的一部分，是恢復地球和諧的一部分。不管你走到哪裡，都會帶給人祝福。你身上就有魔法。就像農夫和他的魔法沙粒一樣，你將改變世界。

願你知道自己的力量和價值。

願你將世界帶入你的心。

願你知道實現靈魂渴望的快樂。

願你過著恩典與祥和的生活。

附錄一

祝福範例

願你的指路明燈明亮又清晰。
願它指引你的腳步。
願它注入你的話語。
願它充滿你的心。

願你找到並面對自己最黑暗的部分。
願你找到平靜與力量來改變那些部分。
願你在活出真正靈魂目標的旅程中，找到最理想的下一步。
願你知道你擁有改變自己和世界的力量。

願你世界中的魔法像滴滴火焰般躍入你的心，在血液中翻騰，使你感覺活著真美好。

願你以輕鬆、優雅的姿態度過這個季節，走到哪裡都給予全世界祝福。

願你找到人生的小確幸。

願你邁向會讓內心愉悅的神奇旅程。

願你找到生活的中心。

願你的腦子裡充滿美麗的想法，願你內心的甜蜜充滿愛地滋養它們。

願身為人的你找到快樂，即使生活並不順遂。

願智慧的話語隨風飄到你身邊。

願你將它們深深吸入。
願它們鼓勵並引導你。
還有在我們陪伴彼此回家時，願你的話語鼓勵和引導你的同伴。

願秋天包裹著夏日回憶最後的溫暖，給你一個擁抱。
願秋天的鮮明香甜激發你的繆思，像香檳泡泡一樣跳著舞。
願這些光榮美麗的日子像可靠的朋友一樣，溫柔、友善地帶著你過冬。

願治療師布麗姬[2]拜訪你。
願一些小傷口能治癒，以及靈魂中的重要部分能復元。
願地球的黑暗深處孕育你的靈魂。
願星星的柔和光線慰藉你的精神。

願神的愛貫穿你的一生。
願你有勇氣知道自己的力量。
願你有智慧知道如何使用自己的力量。
願你有心知道為什麼要使用自己的力量。

2 譯註：布麗姬（Brigid）是凱爾特神話中地位十分尊貴的女神，擁有多種能力。

附錄二

奉獻給老骨之母

俗話說，如果你想真正學得一些東西，就用教的。以我的經驗，這是真的。如果我已經執行或練習某件事一陣子了，那最能鼓勵我理清思路並對那個主題有十分透徹的理解，最好的方法就是計畫工作坊或是寫書。儘管我經常認為自己有很紮實的基礎和全面的看法，但是放慢腳步並確保自己對所有內容都有很好的解釋，讓其他人點出我想法中有缺漏的部分，能逼我進一步探究，充實所有概念。老師和作者在計畫和寫作時的另一個經驗是，他們自己的知識和經驗能有意料外的增長。

我將這個資訊放在附錄中是因為它不太算是本書的入門範圍，但是因為這件事如此迷人，所以我真心想與你分享。這不是指令；只是提供給你的訊息。我無法提供指示是因為我在完成書稿時，對這個遼闊無底的廣大領域所有的理解也只是滄海一粟而已。我沒有足夠的時間和經驗獲得精深的知識來指導他人。

在二〇一六年十二月到二〇一七年一月的期間，我有幾天莫名地感到悲傷。不只是悲傷，是傷心欲絕、不斷哭泣，其中交織著憤怒和挫敗感。我或我的生活沒有任何問題，這感覺不像我的悲傷。感覺就像我在承載或支撐著悲傷。經過幾天的抵抗，我終究還是臣服在那個情緒中，用眼淚、跺腳、可憐的哀號和憤怒的聲音表達了自己的感受。不久之後，就在某個冬天清晨天還沒亮，我在家附近的湖邊遛狗時，那個感受就完全消失，感覺好像蓋在身上的沉重濕毯子被拿開了。

濕毯子不見之後，我再走幾步，得到了一個美妙啟示，是一種如釋重負的輕鬆感。當然，一旦它進入我的意識，我就覺得它顯而易見。啟示不都是用這種方式到來的嗎？

我提過我在冬至儀式上進行的祝福訓練，不過沒有提到那項訓練和儀式的另一方面。你現在知道我對祝福的看法是什麼了，但對我而言，那個方面比祝福更強大。在我的老師所創造的神話中，有一個老骨之母，她會在冬至快到時，在世界遊走。你可以從沙沙作響的秋葉中聽到她的存在。她收集人們不再需要的所有舊東西——所有陳舊的情感、被侷限的想法和破壞性的行為——並將它們帶回家。冬至的整個夜晚，她都會用收集到的垃圾編織新事物——黎明到來時，這些新東西會回饋到世界上。

冬至儀式的前半段專門奉獻給老骨之母，我們講述了她的故事，然後重演了這個故事。在儀式上，大家都有機會與老骨之母互動，讓她收下我們不再需要的東西。這花了一段時間，因為每個儀式有一百多人（這個儀式持續了三個晚上）。進行時，我和其他學員坐在舞台上，身披黑布，營造出悲傷、慟哭和深沉的聲音。那真是一種奇特又強大的經歷。真的感覺就像我們在侍奉女神或某種強大的神靈。最難過的是，我以為我除非每年參加訓練（這是參加該儀式的唯一方法，但是參加訓練需要投入大量的時間），否則我永遠都無法有同樣的體驗。

我的錯誤在於我認為重要的是儀式的形式：背景、冬至的時間，以及與他人的吟唱。但是，形式底下才是實際的工作，就像祝福或清理一樣有很多形式。我意識到，透過我祝福工作的擴展和我為世界服務的真誠渴望，我明白了一種更深、更黑暗的奉獻方式。我獲得的啟示是：我了解到我能隨時以不同的方式奉獻給老骨之母。我感受到的悲傷不是我自己的悲傷，而是集體的，在當時是種不適當的共享能量，要嘛是因為當時需要的是希望而不是悲傷，要嘛是因為有太多的悲傷……直到現在，我還是不確定是哪種情況。

這項工作使我想起了我聽說過的其他做法，例如代祈或食罪。兩者並不完全相同，但概念都是某人代替另一人承擔一種經驗。我敢肯定，當集體能量過多時，世界上就會有人收下那種能量，感受到它、體驗它，並奉獻自己，以便可以收集能量並將其引導回去，讓大地根據需要進行重新分配。一個奉獻於祝福練習的人會做這份工作是有道理的。這是清理工作；如你所知，你必須先清理空間，然後才能培養不同的能量。

如我所提到的，我才剛開始踏入這個領域，這對我來說還是個謎，所以我無法分享更多的資訊。如果你發現自己被拉往這個方向，我很期待收到你的來信，也許我們可以互相學習。

儘管我無法提供指導，但我要說：如果你要繼續從事這項工作，請確保你將自己的能量保護好了。你可能會吸收到一些「不是你每天」會經歷的能量。清理、儲存和培養。使用任何適合你的保護技巧。我在處理不熟悉的能量時，我的第一選擇一定是解索、在進行火類清理後觀想清潔的明光，並握著虎眼石。我們在本書中並未真正討論過如何轉換能量，有一部分原因是這不適合初學者，另一部分原因是除了將能量返回大地之外，我對這種工作沒有深刻的理解或經驗。但是我發現聲音似乎可以幫助完成這個過程——這個吸收、感受和釋放的能量工作。也許是因為這是我最不習慣的工作類型，或者有其他原因，但是用很奇怪的方式（慟哭、哀吟、哭泣）使用自己的聲音反而是最合適的做法。對我而言，最重要的是辨識、感覺／承認和釋放，因為這種感受是如此讓我不知所措，且顯然不是「我的」能量。我很榮幸能做這項工作，但如果沒有必要，我也不想承受更久的時間。如果你找不到釋放的方法，請你祈求神、更高的自我或宇宙將能量從你那裡拿走，之後透過解索或進行水類觀想來清理脈輪。如果不好好照顧自己，你就無法照顧世界。

O'Donohue, John. *Eternal Echoes: Celtic Reflections on Our Yearning to Belong.* New York: Perennial, 1999.

——. *To Bless the Space Between Us: A Book of Blessings.* New York: Doubleday, 2008.

Penczak, Christopher. *The Inner Temple of Witchcraft: Magick, Meditation, and Psychic Development.* Woodbury, MN: Llewellyn, 2002.
——. *The Outer Temple of Witchcraft: Circles, Spells, and Rituals.* Woodbury, MN: Llewellyn, 2004.

——. *The Temple of Shamanic Witchcraft: Shadows, Spirits, and the Healing Journey.* Woodbury, MN: Llewellyn, 2005.

Salisbury, David. *A Mystic Guide to Cleansing and Clearing.* Winchester, UK: Moon Books, 2016.

Whitehurst, Tess. *Magical Housekeeping: Simple Charms and Practical Tips for Creating a Harmonious Home.* Woodbury, MN: Llewellyn, 2014.

Podcasts (all available on iTunes)

Good Life Project
Harry Potter and the Sacred Text
Hidden Brain
Invisibilia
Magic Lessons with Elizabeth Gilbert
The Minimalists Podcast
Myths and Legends Podcast
On Being
The Robcast
Why Shamanism Now

Newsletters

Brain Pickings (www.brainpickings.org)
James Clear (www.jamesclear.com)

參考書目

Bell, Rob. *Love Wins: A Book About Heaven, Hell, and the Fate of Every Person Who Ever Lived.* New York: Harper Collins, 2011.

——. *What We Talk About When We Talk About God.* New York: Harper Collins, 2013.

Brennan, Barbara Ann. *Hands of Light: A Guide to Healing Through the Human Energy Field.* New York: Bantam, 1988.

Campbell, Joseph, with Bill Moyers. *The Power of Myth.* New York: Doubleday, 1988.

Chauran, Alexandra. *Have You Been Hexed? Recognizing andBreaking Curses.* Woodbury, MN: Llewellyn, 2013.

Cunningham, Scott and David Harrington. *The Magical Household: Spells and Rituals for the Home.* Woodbury, MN: Llewellyn, 1983/2008.

Faivre, Antione. *The Eternal Hermes: From Greek God to Alchemical Magus,* trans. Joscelyn Godwin. Grand Rapids, MI: Phanes Press, 1995.

Gilbert, Elizabeth. *Big Magic: Creative Living Beyond Fear.* New York: Penguin, 2016.

Harpur, Patrick. *The Philosopher's Secret Fire: A History of the Imagination.* Chicago, IL: Ivan R. Dee Press, 2002

Hyde, Lewis. *Trickster Makes the World: Mischief, Myth, and Art.* New York: Farrer, Straus, and Giroux, 2010.

Linn, Denise. *Sacred Space: Clearing and Enhancing the Energy of Your Home.* New York: Random House, 1995.

Meyer, Jaime. *Drumming the Soul Awake.* Minneapolis, MN: Jaime Meyer, 2008.

Mickaharic, Draja. *Spiritual Cleansing: A Handbook of Psychic Protection.* San Francisco, CA: Weiser Books, 1982/2012.

Moore, Thomas. *A Religion of One's Own: A Guide to Creating a Personal Spirituality in a Secular World.* New York: Gotham Books, 2014.

Translated from
Modern Guide to Energy Clearing
Copyright © 2018 Barbara Moore
Published by Llewellyn Publications
Woodbury, MN 55125 USA
www.llewellyn.com
Chinese complex translation copyright © Maple Publishing Co., Ltd., 2020
Published by arrangement with Llewellyn Publications, a division of Llewellyn Worldwide LTD.
through LEE's Literary Agency

能量清理

出　　版／楓樹林出版事業有限公司
地　　址／新北市板橋區信義路163巷3號10樓
郵政劃撥／19907596 楓書坊文化出版社
網　　址／www.maplebook.com.tw
電　　話／02-2957-6096
傳　　真／02-2957-6435
作　　者／芭芭拉・摩爾
翻　　譯／林婉婷
責任編輯／王瀅晴
港澳經銷／泛華發行代理有限公司
定　　價／350元
出版日期／2020年9月

國家圖書館出版品預行編目資料

能量清理 / 芭芭拉・摩爾作；林婉婷翻譯
. -- 初版 . -- 新北市：楓樹林，2020.09
面；　公分

BN 978-957-9501-88-0（平裝）

心關係 2. 心理治療法 3. 心理衛生

109010475